D1688078

Ein Kanzler
namens Schmidt

Ein Kanzler namens Schmidt

notiert von Dieter Hanitzsch
beim Süddeutschen Verlag

Für Stefan und Mercedes

Gestaltung des Schutzumschlages: Dieter Hanitzsch (unter Verwendung von zweien seiner Hinterglasbilder)

ISBN 3-7991-6102-3

© 1980 Süddeutscher Verlag GmbH, München.
Alle Rechte vorbehalten.
Printed in Germany.
Satz: Schumacher-Gebler München. Druck: Wenschow GmbH, München.
Bindearbeit: Conzella, München.

Inhalt

Anstelle eines Vorworts 7

Sogar er hat einmal klein angefangen 11

Hier regiert Sie Herr Schmidt
    oder: Ein Tag im Bundeskanzleramt 31

Hier berät Sie Herr Schmidt
    oder: Aus dem Terminkalender eines Weltenlenkers 41

Hier spricht der Bundeskanzler 73

Mal abschalten, Leute! 83

Vetter Franz auf dem Esel
    oder: Das Lieblingsmärchen des Bundeskanzlers 101

Fundstücke vom Wege eines Weltenlenkers 117

Geheime Verschlußsache 143

Immer & allezeit und unser Kanzler 155

Die Sterne lügen nicht
    oder: Der Wendekreis des Steinbocks 165

Gefährliche Druckerzeugnisse aus Bayern 177

Und die Moral von der Geschicht 180

Das ist gar nicht ausge-wogen...!
ICH, Franz Josef
ICH und die andern

Anstelle eines Vorworts...

Telegramm — Deutsche Bundespost

AN SÜDDEUTSCHER VERLAG -stop- BUCHVERLAG -stop- MÜNCHEN, GOETHESTRASSE.43 -stop- SEHR GEEHRTE HERREN -stop- ICH PROTESTIERE AUFS ALLERSCHÄRFSTE -stop- UND MIT ALLEM NACHDRUCK DAGEGEN, DASS SIE HERRN STRAUSS EINSEITIG WAHLHILFE LEISTEN -stop- DIE BEIDEN BEI IHNEN VERLEGTEN DRUCKWERKE "ICH, FRANZ JOSEF" UND "ICH (FRANZ JOSEF) UND DIE ANDERN" -stop- DIE ICH HABE LESEN LASSEN -stop- DIENEN AUSSCHLIESSLICH DER VERHERRLICHUNG DES KANZLERKANDIDATEN DER UNION -stop-stop- ICH FORDERE SIE AUF -stop- MICH EBENFALLS IN DIESER WEISE ZU VERHERRLICHEN -stop- ANDERNFALLS SEHE ICH DIE GLEICHHEIT DER CHANCEN BEI DER BUNDESTAGSWAHL 1980 ALS NICHT GEGEBEN AN -stop- MACHEN SIE SICH ALSO AN DIE ARBEIT -stop- ENDE- SCHMIDT, BUNDESKANZLER -stop-

Absender: H. SCHMIDT, BUNDESKANZLER, 53 BONN 1, BUNDESKANZLERAMT

Süddeutscher Verlag Buchverlag · Postfach · 8 München 15

Herrn Bundeskanzler
Helmut Schmidt
Bundeskanzleramt
Helmut-Schmidt-Avenue

5300   B o n n   1

SÜDDEUTSCHER
VERLAG
BUCHVERLAG
MÜNCHEN

02.04.80 hr/jk

Hochverehrter Herr Bundeskanzler!

Überwältigt von der Freude, daß Sie, allerwertester Herr Bundeskanzler, ungeachtet Ihrer pausenlosen Regierungsverpflichtungen Zeit gefunden haben, die Erzeugnisse unseres Hauses lesen zu lassen, beeilen wir uns, Ihnen ehrerbietigst mitzuteilen, daß wir, Ihrem telegraphisch geäußerten Wunsch entsprechend, unseren auf die Verherrlichung politischer Persönlichkeiten spezialisierten Hausbyzantinisten Dieter Hanitzsch beauftragt haben, eine entsprechende Laudatio auf Ihre einzigartige Person abzufassen.

Im Hinblick auf die bevorstehenden weltbewegenden politischen Entscheidungen hoffen wir, mit diesem Schritt dem Prinzip der Chancengleichheit genüge getan und Ihnen, hochzuverehrender Herr Bundeskanzler, gedient zu haben.

Mit dem Wunsch, daß unser Werk Gnade vor Ihren hochverdienten Augen finden möge, verbleibe ich mit dem Ausdruck nicht mehr zu überbietender Hochachtung

SÜDDEUTSCHER VERLAG - BUCHVERLAG
Lektorat

Ihr sehr ergebener

Dr. H. Heirasberger

PS: Im Hinblick auf die Herrn Bundeskanzler geleisteten Dienste
    blicken wir einer angemessenen Ehrung erwartungsvoll entgegen.

DEM WELTEN LENKER

BONN (MIT REGIERUNGSVIERTEL)

Entwurf für ein Helmut Schmidt-Monument im Bonner Parc de Triomphe

Sogar er hat einmal klein angefangen..

Ich habe heute schon was gemacht...

Klein-Helmut

Werte Herren!

Gerne bestätige ich Ihnen, daß mein Sohn Helmut Heinrich Waldemar Schmidt am 23. Dezember 1918 in Hamburg-Barmbek geboren wurde. Jetzt ist er Bundeskanzler. Wer hätte das gedacht?

Herzlichst Ihr

Gustav Schmidt, Oberstudienrat i. R.

Liebe Herren!

Über Ihre Absicht bin ich sehr erfreut u. besonders gern erinnere ich mich an das früh sich zeigende Redetalent meines Neffen Helmut. Bei jeder sich bietenden Gelegenheit stellte er sich in Positur und deklamierte fehlerlos das folgende, von ihm selbst verfaßte Gedichtlein:
"Ich bin klein, mein Herz ist rein, will einmal Bundeskanzler sein." Wie oft haben wir darüber gelacht, im Gegensatz zu heute, wo die Zeiten ernster sind.

In der Hoffnung, daß Sie mit diesen Erinnerungen keinen Mißbrauch treiben, bleibe ich gerne

Jenny Schmidt, Tante des Bundeskanzlers.

Lichtwark-Schule
Archiv   5.September 1980

                    Bestätigung
                    _____

Ich bestätige hiermit die Richtigkeit des bei-
liegenden Zeugnisses unseres ehem. Schülers
       Helmut Heinrich Waldemar Schmidt.

Hamburg, den 5.September 1980   Für die Rich-
                                   tigkeit:

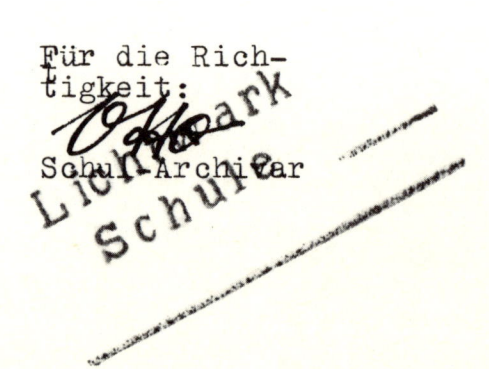

                                   Schul-Archivar

Ich bin klein, mein Herz ist rein, will einmal Bundeskanzler sein! H. Schmidt

Jahres-Zeugnis

für den Schüler: *Helmut Schmidt, 4. Klasse*

Deutsch: sehr gut!
Politik (innen): sehr gut!
Politik (außen): sehr gut!
Wirtschaft: sehr gut!
Englisch: sehr gut!
Musik: sehr gut!
Malen: sehr gut!
Perspektive: erfreulich
Führung: tadellos!

Klaßleiter:
Rektor:

Konrad Flügel *Hamburg/Elbe*
Klavierlehrer i.R. *Am Steinway 7*

3.July 1980

Sehr geehrter Herr!

Ich theile Ihnen gerne mit, daß ich meinem Klavier-Schüler Helmut Schmidt immer nur erstklaßige Noten geben konnte. Zweit- oder gar drittklaßige wollte er nicht spielen. Ausserdem bedaure ich es nach wie vor, daß er nicht die Laufbahn eines Pianisten eingeschlagen hat, sondern leider in die Politik gegangen ist. Trotzdem bin ich hochachtungsvoll
    Ihr
    K. Flügel
    Klavier-Lehrer i.R.

Nu givmol wat von Beethoven! Dascha 'n Scheiß, immer dei doofn Mozart!

Sehr geehrte Herren!

Betreff i Ihrer Anfrage wegen mei=
nem ehemahligen Segel-schüler
H. Schmidt kann ich mich ganz
Auffälig an seine grosse Begabung
zum Wind-machen Erinern u.
daß wir bei einer Flaute sogar heu=
te noch sagen „Nu is man Tid
dat hei een büdden Wind machn
dät!" Vorzügl. Hoch-
achtung
   Gorch Fog
 S. M. Segellehrer a. D.

19

Der Kanzlerkandidat
Dr. h.c. Franz Josef Strauß

München/Bonn
Postlagernd

Nymphenburgerstr. 64
8000 München 2

Sehr geehrter Herr,

der Herr CSU-Vorsitzende Herr Dr. Strauß läßt Ihnen hiermit mitteilen, daß er mit Herrn Schmidt weder eine gemeinsame soldatische, noch eine sonstige Vergangenheit hat.
Herr Schmidt sei zwar wie Herr Dr. Strauß Oberleutnant und Batteriechef gewesen, dies jedoch bezeichnenderweise bei der Flak, wohingegen es Herr Dr. Strauß immer mit der Schweren Artillerie zu tun gehabt habe.
Herr Dr. Strauß bedauert also zutiefst, keinerlei Munition für neuerliche ungeheuerliche verleumderische Diffamierungen seiner Persönlichkeit liefern zu können, ist andererseits aber davon überzeugt, daß Herr Schmidt schon damals infolge seiner alles überragenden Intelligenz den Marschallstab im Tornister hatte.

Hochachtungsvoll

[Unterschrift]

i.A. Stoiber
CSU-GENERALSEKRETÄR

21

Herbert Wehner **Bonn a. Rhein**
SPD-Fraktur

Allerwertester!

Wie kommen Sie überhaupt dazu, zu behaupten, der jetzige Bundeskanzler habe nach seinem Eintritt in die SPD Schwierigkeiten gehabt, das Wort "Genosse" richtig auszusprechen u. ich hätte ihm Nachhilfestunden gegeben?

Ich frage Sie: Wo waren Sie denn damals?

Diese Antwort wird Ihnen den Mund stopfen.

Hochachtungsvoll

(Wehner)

DU GENOSSE
GE-NOS-SE
DU!

Der lernt das nie...

Hannelore Schmidt
Bundeskanzlers-Gattin

53 Bonn
Kanzlerbungalow

Lieber Interessent!

Herzlichen Dank für Ihr Interesse an meinem Mann. Diesbezüglich darf ich Ihnen mit seiner Zustimmung verraten, daß das Lieblingsgericht des Herrn Bundeskanzlers Hamburger Knackwurst mit Kartoffelsalat ist, weshalb wir das jedesmal zu Weihnachten essen.

Freundlichen Blumengruß!

Ihre *Loki Schmidt*

"Dei Knackwurst smeckt man goud!"

"Dat will ich man mien..."

Der Bundesminister für Verteidigung

General-Anzeiger

53 Bonn, Hardthöhe
Das Ministerbüro

Betreff: Ihre Anfrage in Sachen gemeinsamer Vergangenheit des Herrn Bundesministers für Verteidigung mit dem Herrn Bundeskanzler Akt.-Z. 14/3-456/80/a/s/3459/00.

Werter Herr!

Ich denk', mich tritt ein Pferd. In der Hoffnung, daß Sie gedient haben bleibe ich vorerst

Hans Apel
Hans Apel

DER BUNDESMINISTER FÜR VERTEIDIGUNG

27

Der Bundeskanzler

Betrifft: Ihre Anfrage nach Privatem des
            Herrn Bundeskanzlers

Im Auftrag des Herrn Bundeskanzlers setze
ich Sie davon in Kenntnis, daß das Bundeskanzleramt für Privates nicht zuständig
ist. Hier wird ausschließlich regiert.

Mit vorzüglicher Hochachtung!
Schüler
gez. Schüler, Staatssekretär

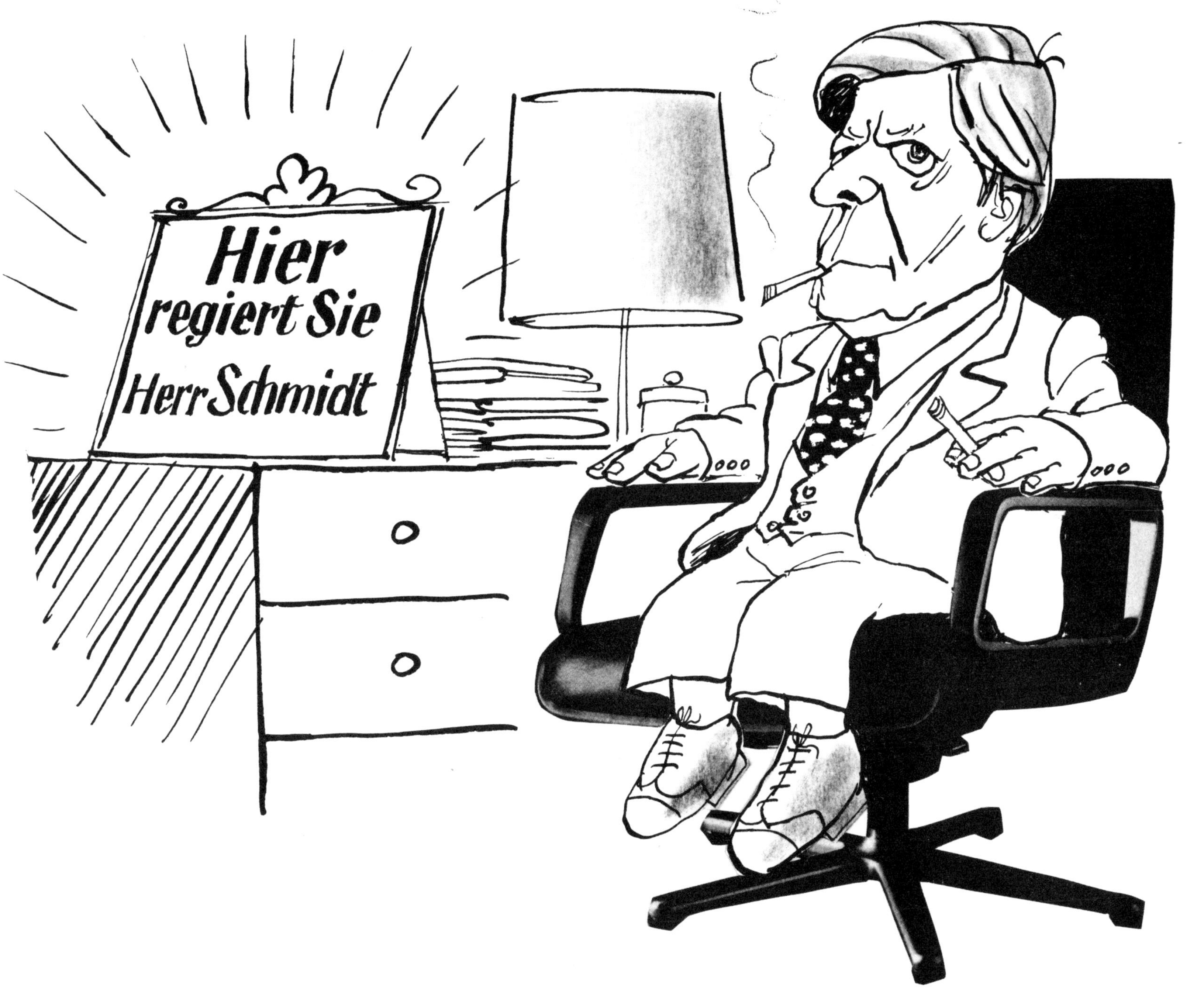
Hier
regiert Sie
Herr Schmidt

30

Hier regiert Sie Herr Schmidt
oder
Ein Tag im Bundeskanzleramt *)

*) eine ausführliche Fassung dieser Reportage erschien unter dem Titel »Zwei Tage im Bundeskanzleramt« in der ZEIT vom Okt./Nov. 1975

Der Kanzler steht um 8 Uhr 15 auf. Zum Frühstück ißt er ein halbes Stück Brot, eine Birne und einen Journalisten. Die meisten sind für ihn verantwortungslos, leichtfertig, unpräzise, seicht, ahnungslos und unüberlegt. Auf das Brot gehört Marmelade, zumindest, wenn es nach Loki geht. Dazu trinkt der Kanzler Kaffee mit Milch und Zucker. Ab und zu fließt eine französische Vokabel ein. Die Morgenlektüre des Kanzlers besteht aus folgenden Blättern:

Bonner »Generalanzeiger«, »Vorwärts«, »Frankfurter Rundschau«, »Bild am Sonntag« (am Sonntag), »Prawda« usw. usw.
Wenn Bölling wissen darf, was los ist, übersetzt ihm der Kanzler die wichtigsten Passagen z. B. aus »Le Monde« (Paris), »The Times« (London), »The New York Times« (New York), »Mitsubishi Shimbun« (Tokio), »Stimme des Volkes« (Peking), »Tel Aviv-Star«, »Al Ahram« (Kairo), FAZ (Frankfurt) und »Generalanzeiger« (Bonn).
Hauptsache der Kanzler weiß, wo der Hammer hängt.

Zuweilen rührt sich das Kind im Bundeskanzler. Dann pfeift er auf dem Weg vom Kanzlerbungalow zum Kanzleramt auf einer Trillerpfeife und signalisiert seinen Dienstantritt.

Die Vorzimmerdamen Liselotte Schmarsow und Marianne Duden haben es im Gefühl, wenn der »Chef« kommt. Dann sagen sie: »Der Chef kommt«. Und tatsächlich. Jemand (ein Sicherheitsbeamter?) trägt dem Kanzler die schwarze Aktentasche voraus. Dann erscheint der Kanzler persönlich und grüßt knapp: »Morgen!« Was meint er? Ist er etwa schon wieder einen Tag voraus, schneller als alle anderen? Meistens sei er schon am Ziel, sagt ein beliebtes Bonnmot, wenn andere noch am Start scharren.

»DER KANZLER, GENOSSE BRESCHNEW, SCHNELL!«

Der Kanzler gibt Anweisungen:
»Hol' mir den Breschnew an die Strippe« und »Der Cossiga*) soll sofort kommen!«
Der Kanzler verkehrt mit seinen Vorzimmerdamen nach Gutsherrenart. Er duzt, sie siezen. »Jawohl, Euer Effizienz«**), antworten sie und machen sich an die Arbeit.
Der Kanzler durchquert derweil den Besuchersalon und betritt seinen Arbeitsraum, der wie das Vorstandszimmer eines Großkonzerns wirkt. Trotzdem: Seit Helmut Schmidt Kanzler ist, legt er die Füße nicht mehr auf den Tisch. Er hat das, was nach Gotthold Ephraim Lessing den großen Mann ausmacht: Die Fähigkeit, Kleinigkeiten als Kleinigkeiten und wichtige Dinge als wichtige Dinge zu behandeln.

---

*) Derzeitiger italienischer Regierungschef
**) Offizielle Anrede des Bundeskanzlers

Deshalb prüft der Kanzler auch jeden Morgen als Allererstes die Weltlage, knapp zwar, aber mit außerordentlichem Fingerspitzengefühl. Auf dem Kanzlerschreibtisch steht ein silbergerahmtes Schild: »Hier regiert Sie Herr Schmidt«, ein Geschenk der Jungsozialisten zum 60. Geburtstag.

Außer seiner Schwäche für Vollmilchschokolade hat der Kanzler eine Neigung zu Monologen, in denen er kolossale Weltwirtschaftsgemälde skizziert.

Mittags will der Kanzler nur eine Suppe essen. Immerhin. Oder Bratkartoffeln mit Bouletten. Will er Blut sehen, gibt es auch mal ein Steak. Zum Nachtisch Pfefferminzpastillen, Mentholzigaretten oder mentholisierten Schnupftabak. Hauptsache, es ist bescheiden, und er kann dabei weiterarbeiten. Dann Fraktionssitzung, Parteivorstand, Koalitionsgespräch, Bundestag (Regierungserklärung zur jeweiligen Lage), zwei Fernsehinterviews (siehe auch Seite 73 ff.), Anrufe von Hua Guo Feng und Weltbankpräsident McNamara.

»Eine Rezession ist eine Periode«, sagt er, »in der man den Gürtel enger schnallt. Wenn es zu einer Depression kommt, dann gibt es vielleicht keine Gürtel mehr, die man enger schnallen könnte. Und wenn dann auch noch die Hosen fehlen, die man eigentlich sichern wollte, dann gibt es eine Panik«. Der Kanzler hat die Fähigkeit, Dinge einfach darzustellen, die den meisten kompliziert erscheinen.

Plötzlich ein knapp, aber exakt geplanter Aufbruch nach Washington, zu einem Blitzbesuch bei Jimmy Carter. »Leviten lesen«, sagt der Kanzler knapp und: »Normalerweise bestelle ich Jimmy zu mir.«

Diesmal hat sich Präsident Carter entschuldigt. Der Präsidenten-Jet sei in der Inspektion.

Kaum ist der Kanzler wieder im Amt, erscheint einer der wenigen fähigen, vom Kanzler selbst ernannten Journalisten, Peter Jenkins vom »Guardian«. Das starke Gelb und Blau in der Seeszene von Emil Nolde, vor der nun der Gastgeber sitzt, absorbiert nicht das Gerötete (!) in den Augen des Kanzlers, und der Interviewer beginnt geschickt mit dem, was seine Landsleute vom deutschen Kanzler wissen: »...that you are a very tough operator – left of center, that you know your economics but that you have some difficulties to identify yourself with the SPD.«*)

---

*) »...daß Sie ein Macher sind – links von der Mitte, daß Sie sich in der Wirtschaft auskennen, aber daß Sie einige Schwierigkeiten haben, sich mit der SPD zu identifizieren.«

Der Kanzler nimmt eine Prise mentholisierten Schnupftabak und antwortet knapp: »Twaddler.«*)
»Off the records or on the records?**)«, fragt der britische Journalist.
»Off the records«, antwortet der Kanzler in makellosem Englisch und malt an den Rand von Presseausschnitten: *Ist falsch, muß dementiert werden* – mit grünem Filzstift. Ansonsten ist Filz im Kanzleramt verpönt.
Der Interviewer ist gegangen. Begeistert, wie alle.

---

*) Quatschkopf
**) sinngemäß: Vertraulich oder nicht vertraulich?

> Um diese Zeit noch arbeiten! Das kann nur der Kanzler sein...

Das einzige Geräusch, das nun die Stille im Raum unterbricht, sind abgrundtiefe Seufzer, die sich der Brust des Kanzlers entringen. Er redigiert Reden, die er gehalten hat und nun für den Druck vorbereitet, den er mit ihnen auf die Adressaten im In- und Ausland ausüben will. Liselotte Schmarsow drängt zum Aufbruch. Der Kanzler muß noch in die Beethovenhalle – zu einem Konzert der Israelischen Philharmoniker. Wahrscheinlich wird es gerade noch zum Schlußapplaus reichen. Trotz der Proteste des ganzen Stabs will der Kanzler seinen grauen Flanellanzug anbehalten. »Die fünf Minuten, die mich das Umziehen kostet«, sagt der Kanzler, »die verwende ich besser zum Regieren.«
So ist er eben.

*Hier berät Sie
Herr Schmidt
oder
Aus dem
Terminkalender
eines
Weltenlenkers*

Jedermann weiß, wie begehrt meine Ratschläge innerhalb und außerhalb meiner Grenzen sind, aber nur selten finde ich die Zeit, meine Klienten aus aller Welt persönlich zu empfangen.
Ab und zu bietet sich zwar irgendeine Gipfelkonferenz als willkommene Gelegenheit an; in der Regel jedoch erteile ich meine Ratschläge schriftlich oder über das Telefon.
Im folgenden will ich einige dieser Belehrungen, Hinweise und Tips (sowohl nationaler als auch internationaler Art) öffentlich machen – soweit es die im Einzelfall gebotene Diskretion erlaubt.
Zu diesem Zweck öffne ich hiermit einige Seiten meines Terminkalenders, dessen Existenz bis heute sogar meine engsten Mitarbeiter anzweifelten – vom Inhalt ganz zu schweigen…

"Pah, Männer! Die sollten mal Indien regieren müssen..."

"Schluchz"

"Allah ist groß, aber Helmut ist euer Prophet..."

43

Margaret Thatcher

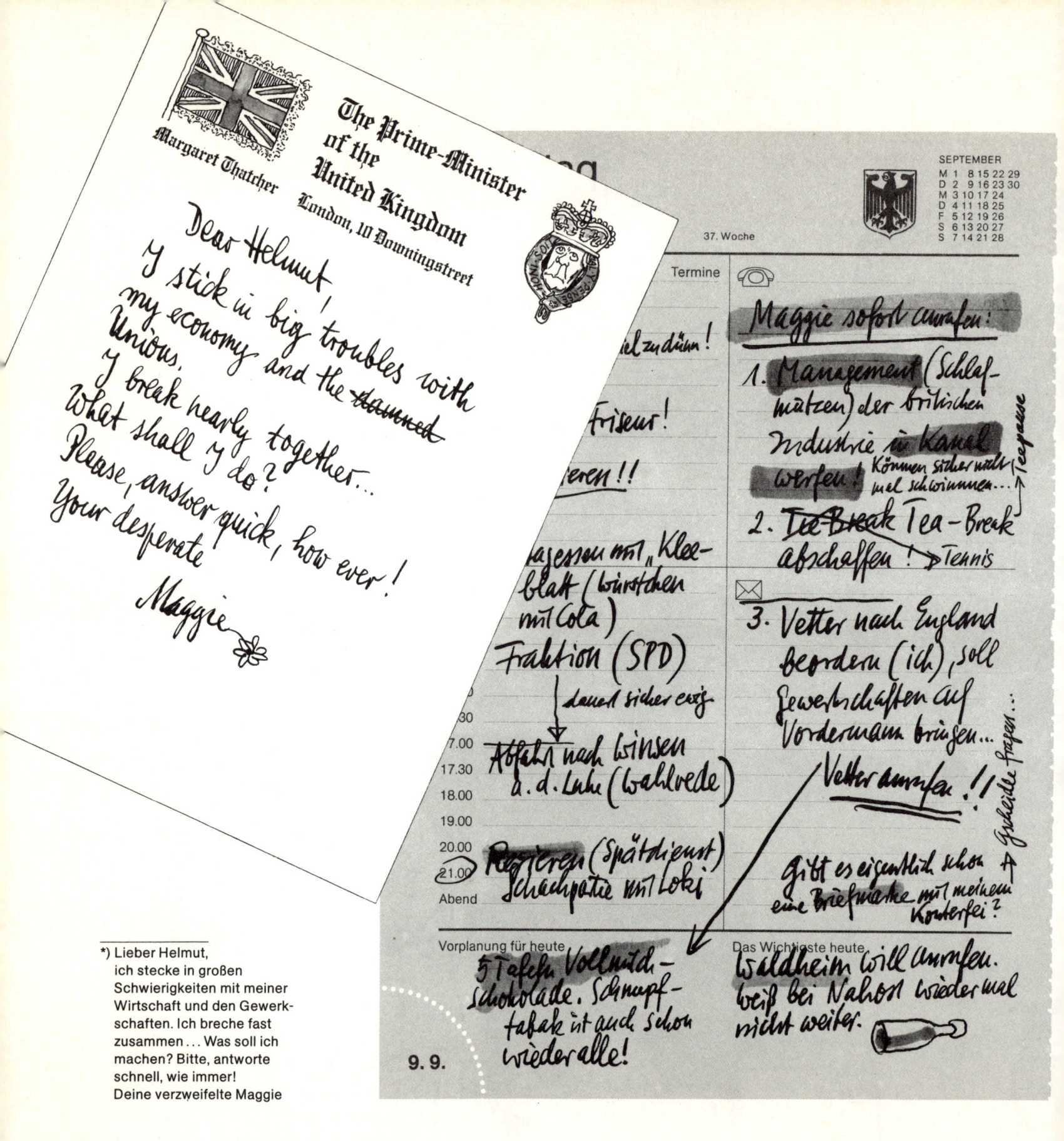

The Prime-Minister of the United Kingdom
London, 10 Downingstreet

Dear Helmut,
I stick in big troubles with my economy and the ~~damned~~ unions.
I break nearly together...
What shall I do?
Please, answer quick, how ever!
Your desperate
Maggie 🌼

SEPTEMBER
M 1 8 15 22 29
D 2 9 16 23 30
M 3 10 17 24
D 4 11 18 25
F 5 12 19 26
S 6 13 20 27
S 7 14 21 28

37. Woche

Termine ☎

Maggie sofort anrufen:

1. Management (Schlafmützen) der britischen Industrie in Kanal werfen! Können sicher nicht mal schwimmen... → Teepause

2. ~~Tee Break~~ Tea-Break abschaffen! → Tennis

✉

3. Vetter nach England beordern (ich), soll Gewerkschaften auf Vordermann bringen...

Vetter anrufen !!

Gibt es eigentlich schon eine Briefmarke mit meinem Konterfei? → Genscher fragen...

... viel zu dünn!
... Friseur!
...ieren !!
...essen mit „Kleeblatt" (Würstchen mit Cola)
Fraktion (SPD) | dauert sicher ewig
7.00
17.30 Abfahrt nach Winsen a. d. Luhe (Wahlrede)
18.00
19.00
20.00
㉑ Regieren (Spätdienst) Schachpartie mit Loki
Abend

Vorplanung für heute
9.9.
5 Tafeln Vollmilchschokolade. Schnupftabak ist auch schon wieder alle!

Das Wichtigste heute
Waldheim will anrufen. weiß bei Nahost wieder mal nicht weiter.

---

*) Lieber Helmut,
ich stecke in großen Schwierigkeiten mit meiner Wirtschaft und den Gewerkschaften. Ich breche fast zusammen... Was soll ich machen? Bitte, antworte schnell, wie immer!
Deine verzweifelte Maggie

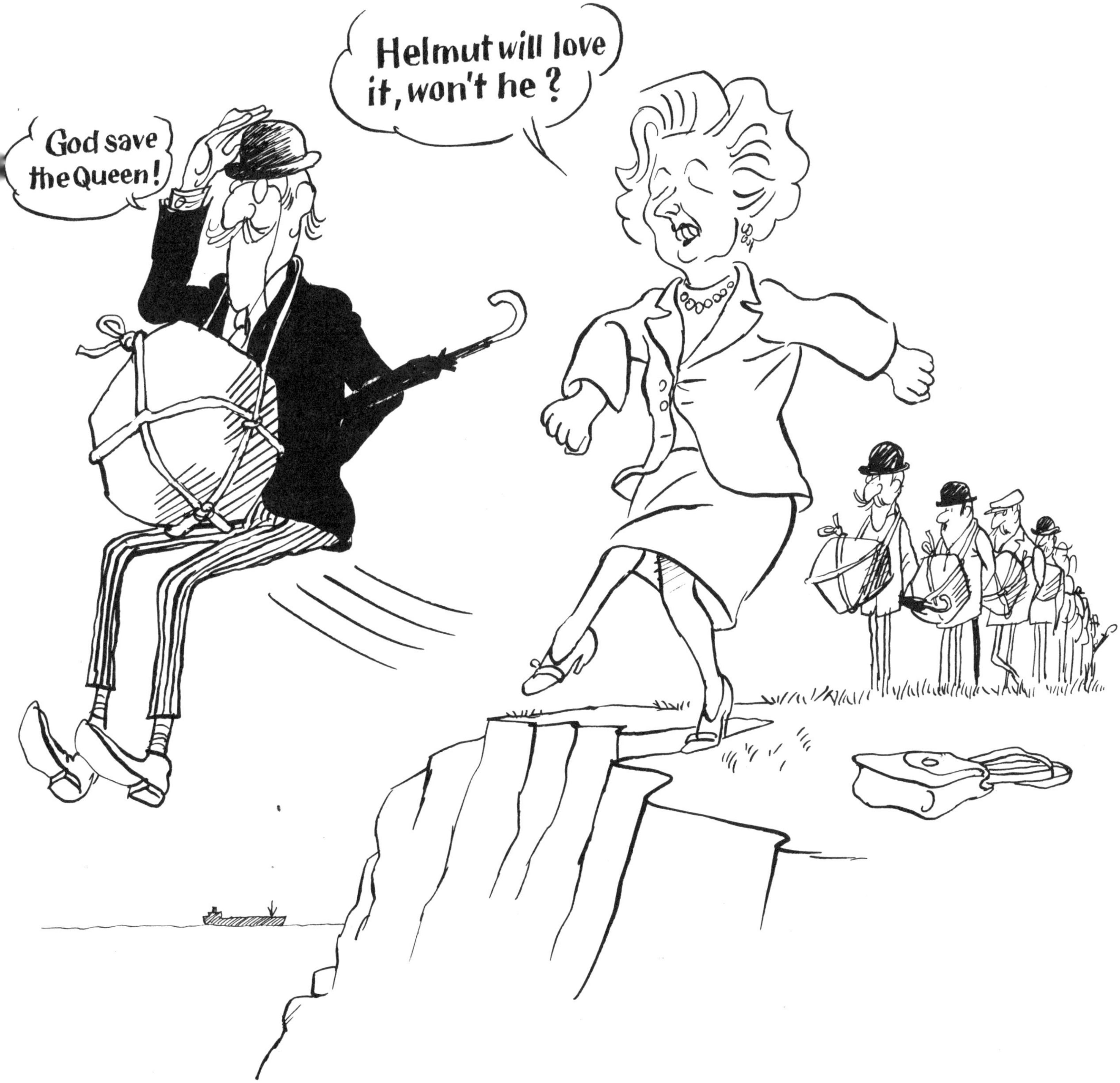
God save the Queen!
Helmut will love it, won't he?

Carters Brief an Schmidt blieb bei Kanzleramtspförtner liegen

Bonn (Reuter)

Der Brief des US-Präsidenten Carter an Bundeskanzler Schmidt mit der Ankündigung wirtschaftlicher und diplomatischer Sanktionen gegen den Iran ist vom Bundeskanzleramt nicht sofort weitergeleitet worden, weil er nach Mitteilung der Bundesregierung „nicht als eilig oder politisch wichtig erkennbar" gewesen war. Dieser Darstellung zufolge wurde das Schreiben am Ostersonntag von einem Mitarbeiter der US-Botschaft an der Hauptwache des Kanzleramtes abgegeben, wo es dann liegen blieb. Am folgenden Tag kündigte Carter die Sanktionen gegen den Iran an. Bundeskanzler Schmidt hatte sich bis Ostersonntag in Salzburg aufgehalten und flog von dort nach Hamburg.

Da die Bundesregierung in den Tagen vor Ostern im Besitz von Hinweisen auf bevorstehende amerikanische Sanktionen gegen den Iran gewesen sei, habe sie sogar „vorsorglich für die Dauer der Osterfeiertage einen Staatssekretärsausschuß eingesetzt", der „jederzeit hätte zusammentreten können", hieß es in ihrer Erklärung weiter. Im Bundeskanzleramt sei nun „durch organisatorische Vorkehrungen Sorge dafür getroffen worden, daß sich ein solcher Vorgang, der sich erstmalig zugetragen hat, nicht wiederholen kann", versicherte ein Sprecher.

MAI
M 5 12 19 26
D 6 13 20 27
M 7 14 21 28
D 1 8 15 22 29
F 2 9 16 23 30
S 3 10 17 24 31
S 4 11 18 25

15. Woche

Freitag
11. April

Termine

7.00
7.30 Aufstehen
8.00
8.30 Morgenzeitungen lesen
9.00
9.30
10.00 Staatssekretäre zusammenscheißen
10.30 wegen Briefpanne.
11.00
11.30 (Pförtner zuziehen)
12.00
13.00 Mittagessen mit
14.00 Augstein
14.30
15.00 Kaffee mit Einstein
15.30
16.00
16.30 Friseur
17.00
17.30
18.00 Wahlkampf-Komitee (SPD)
19.00 wegen Wahlslogan
20.00 ("Schmidt, schmidt, nur
21.00 Du allein...")
Abend

Das gibts doch gar nicht! Nebenstehende Meldung gefunden. Kann man denn nicht mal an Ostern ein paar Tage von Bonn weg? Der Carter könnte so einen Brief doch auch nach Ostern schicken...

→ doof

Vorplanung für heute

finde ich überkandidelt

Das Wichtigste heute

Briefpanne klären - Carter anrufen, leider entschuldigen (das auch noch)

OKTOBER
M 6 13 20 27
D 7 14 21 28
M 1 8 15 22 29
D 2 9 16 23 30
F 3 10 17 24 31
S 4 11 18 25
S 5 12 19 26

Steuertermin
Umsatzsteuer, Lohn- und Kirchensteuer
für Arbeitnehmer, Einkommen- und
Kirchensteuer der Veranlagten,
Körperschaftsteuer, Getränkesteuer,
Vergnügungsteuer

37. Woche

Mittwoch

Muß Steuerreform machen

10. September

Zeit	Termine
7.00	
7.30	Birne war viel zu weich!
8.00	
8.30	← Loki wegen Labskaus fragen.
9.00	Kabinett (Lambsdorff
9.30	will sicher wieder wissen,
10.00	wie er die Konjunktur
10.30	lenken soll !!)
11.00	
11.30	
12.00	Gab schon wieder keine
13.00	
14.00	Kraftbrühe! Schlamperei
14.30	Wie soll man da
15.00	
15.30	regieren...
(16.00)	Hua ruf aus Peking an!
16.30	
17.00	Friseur.
(17.30)	~~Brezhnew~~
18.00	
19.00	Zähne putzen vor
20.00	Abfahrt nach Bremen
21.00	(Wahlrede im
Abend	Altersheim)

Valéry hat gestern
abend ganz ver-
zweifelt angerufen.
Muß ihm heute un-
bedingt Rezept von
Labskaus zuleiten
lassen (ihm schmeckt
die Nouvelle Cuisine
nicht mehr)
Kann ich verstehen.
Wichtig: Valéry soll
sich auf die ~~Beule~~, die er
sich bei ~~unsere~~ seinem
Besuch in Hamburg am
niedrigen Türstock geholt
hat, einen frischen Aal
legen (Hamburger Rezept)

→ Das hat man davon, wenn man zu groß ist...

→ Aal

Vorplanung für heute
Rezept von ~~Labskaus~~
beschaffen (Wirtschafts-
abteilung IV) Schulmann

Das Wichtigste heute
Coca-Cola bestellen!

10. 9.

Labskaus! Merveilleux!

Labskaus:

Seemännisches Gericht aus gekochtem Pökelfleisch oder Fisch und gestampften Kartoffeln

Rezept für
Hamburger Labskaus:

500 g gepökeltes Rindfleisch, 1/2 Liter Wasser, 4 Salzheringe, 500 g Kartoffeln, 2 Zwiebeln, 1 Eßlöffel Schweineschmalz, 150 g eingelegte Rote (!) Beete, 2 Gewürzgurken.

Rindfleisch unter kaltem Wasser abspülen. Wasser in einem Topf aufkochen. Fleisch darin garen. Salzheringe putzen und von den Gräten lösen. 20 Minuten wässern. In der Zwischenzeit Kartoffeln schälen und waschen. In einem Topf mit kaltem, aber nicht gesalzenen Wasser aufsetzen und garkochen. Dann abgießen und trockendämpfen. Fleisch aus der Brühe nehmen, in grobe Stücke schneiden. Mit Kartoffeln und Heringen durch den Fleischwolf drehen.

Zwiebeln würfeln. Schweineschmalz in einem Topf erhitzen und Zwiebeln darin glasig werden lassen. Labskausmasse zugeben, unter ständigem Rühren erhitzen. Rote Beete und Gewürzgurken klein würfeln und darunterheben.

Beilagen: Rote Beete, Salzgurken und pro Person ein Spiegel-Ei.
Dieses Gericht stammt aus der Zeit der Segelschiffahrt. (*Salzheringe* und *Pökelfleisch* gab es immer an Bord.)

*) Bergab die Banner und Fahnen in Sicht,
von der Spitze des Berges hört man die Trommeln und Hörner,

vom Feind umzingelt, tausendfach stärker als wir,
weichen wir keinen Schritt.

Uneinnehmbar ist unser Wall,
noch mehr wird uns der vereinte Wille zur Festung,

von Huangyangjie tönt Geschützdonner,
kündet uns: das Heer des Feindes flieht in die Nacht.

OKTOBER			Freitag
M	6 13 20 27		
D	7 14 21 28		
M	1 8 15 22 29		
D	2 9 16 23 30		12. September
F	3 10 17 24 31		
S	4 11 18 25		
S	5 12 19 26	37. Woche	

Termine

7.00
7.30
8.00 — Bölling schwimmt heute wieder in unserem Pool. „Lage" war schwach.
8.30
9.00
9.30
10.00
10.30 — Interview mit Nowottny
11.00
11.30 — Was ist bloß mit Breschnew los. Meldet sich nicht mehr...
12.00
13.00
14.00
14.30
15.00
15.30
16.00 — Telefon freihalten für Waldheim !!
16.30
17.00 — Friseur
17.30
18.00
19.00
20.00
21.00
Abend — Schach mit Karpow + Loki (Simultan)

☎ Hua Guo Teng hat Angst vor den Russen. Will wissen, was er dagegen machen soll. Hat sich schon bei Strauß erkundigt !!!!

Brief an Hua diktieren:

✉ Er soll bitte bei Strauß als Berater bleiben, der weiß ja am besten, wie man den Weltkommunismus in Schach hält (siehe Afghanistan)

Vorplanung für heute
Friseur nicht vergessen

Das Wichtigste heute
Konflikt Moskau–Peking lösen (allein)

12.9.

Dienstag

16. September
38. Woche

SEPTEMBER
M 1 8 15 22 29
D 2 9 16 23 30
M 3 10 17 24
D 4 11 18 25
F 5 12 19 26
S 6 13 20 27
S 7 14 21 28

Termine

- 8.00 — Kaffee war zu süß!
- 9.30 — Pressekonferenz für Sportseglerzeitschriften (Segelanweisung)
- 10.30 — „Kleeblatt"
- 12.00 — Will heute endlich wieder doppelte Kraftbrühe!
- 15.00 — Genscher, kostet sonst zu viel Kraft
- 16.00 — Regieren
- 18.00 — Friseur
- Abend — Wahlversammlung in... (erfahre ich erst bei Abfahrt)

Sofort Waldheim anrufen:
Nationen sollen immer erst bei mir rückfragen, bevor sie was Doofes tun!! *)

Das Problem mit dem Waldheim ist: Er sieht leider nicht nur aus wie ein Oberkellner, er benimmt sich auch so.

*) Muß ich denn wirklich überall sein (wahrscheinlich ja)

Vorplanung für heute: Presse, Kraftbrühe, Friseur, Genscher, Waldheim ⟶

Das Wichtigste heute: Waldheim eine Stelle im „Sacher" vermitteln.

16.9.

"Sind Sie sicher, daß ich das bestellt habe?"

Mittwoch, 17. September

38. Woche

Termine

- 8.00 — Kaffee war zu heiß!
- 9.00 — Kabinett
  - Die Verbrauchen wieder mal meine Zeit...
- 13.00 — Mittagessen mit Vetter (teuer!)
  → reptiert sich aber (Wählerstimmen)
- 15.00 — Friseur
- 16.00 — Fernsehinterview mit Nowottny (er stellt immer die gleichen Fragen) Bölling bereitet gut vor.
- 20.00 — Tagesschau, Interview anschauen!!

Telefon

Muß unbedingt dem "Kollegen" Tohu Wabohu antworten; und ihm deutlich sagen, daß sowas bei uns nicht üblich ist.

Vielleicht doch lieber schreiben, das bleibt besser hängen

(Wo liegt eigentlich Ananastown? Nie gehört)

Vorplanung für heute

Abend wieder mal Ping Pong mit Loki

Das Wichtigste heute

Tohu Wabohu

The President of the...

MR. HELMUT SCHMIDT
CHANCELLOR OF THE FEDERAL
REPUBLIC OF THE GERMANY
BONN/RHEIN

IMPORTANT

DEAR COLLEAGUE,

HOW DO YOU DO WITH YOUR OPPOSITION
DO YOU ARREST THEM IN PRISON OR LE
YOU REST THEM IN PEACE?
CAN YOU GIVE ME A WHEEL?

HEARTELY YOURS

TOHU WABOHU
THE PRESIDENT OF THE LITTLE HYBRIDS

Lieber Kollege,
was machst Du mit Deiner Opposition? Steckst Du sie ins Kittchen oder läßt Du sie in Frieden ruhen? Kannst Du mir einen Rat geben?
Herzlich Dein Tohu Wabohu
Präsident der
Kleinen Hybriden

*) Bedenke stets, dir im Unglück
Gleichmut zu bewahren.

"Aequam memento rebus in arduis servare mentem."

"Sowas ist bei uns nicht üblich..."

56

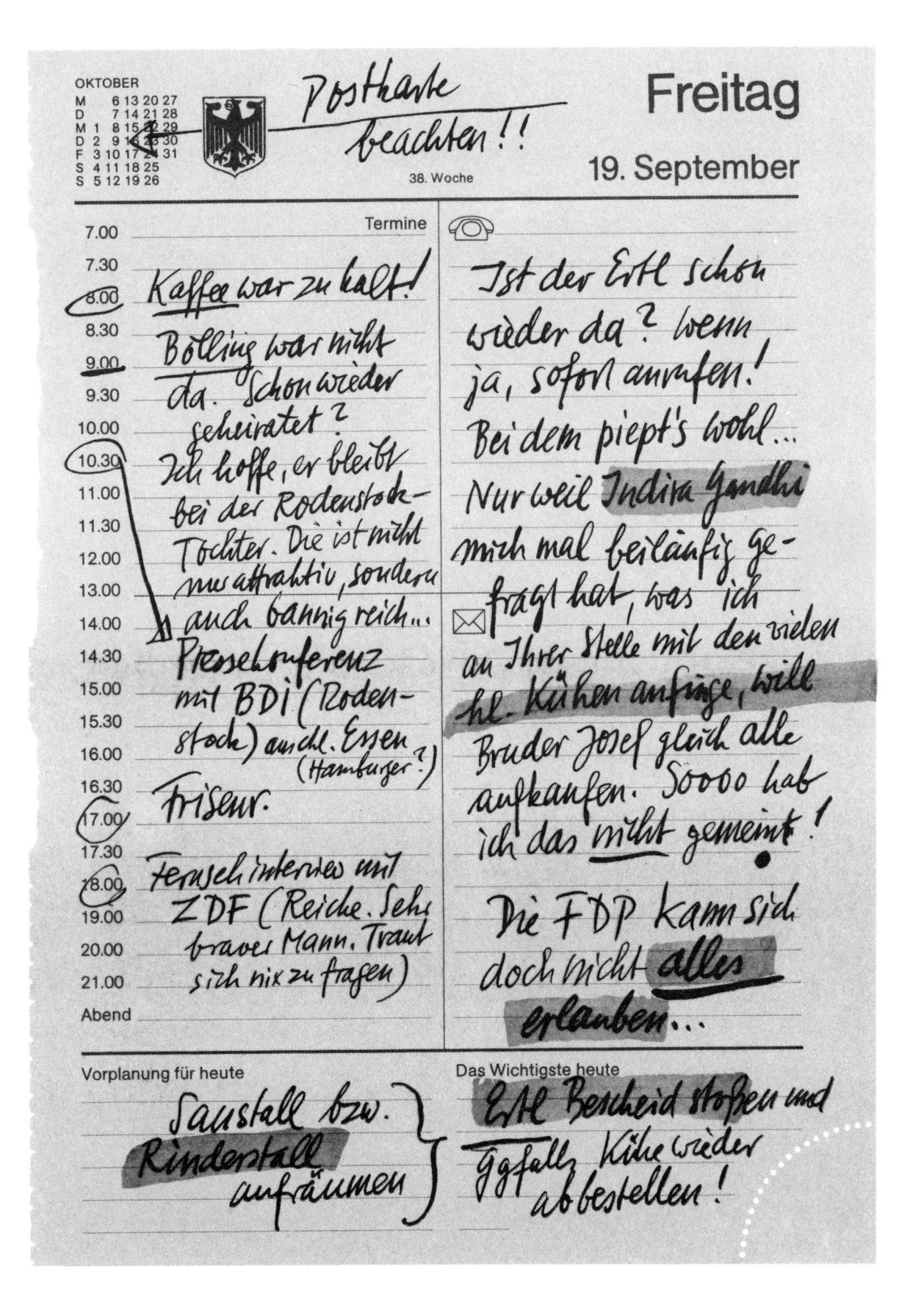

Freitag
19. September

OKTOBER — 38. Woche

Postkarte beachten!!

Termine

- 8.00 — Kaffee war zu kalt!
- 9.00 — Bölling war nicht da. Schon wieder geheiratet? Ich hoffe, er bleibt bei der Rodenstock-Tochter. Die ist nicht nur attraktiv, sondern auch bannig reich...
- Pressekonferenz mit BDI (Rodenstock) anschl. Essen (Hamburger?)
- 17.00 — Friseur.
- 18.00 — Fernsehinterview mit ZDF (Reiche. Sehr braver Mann. Traut sich nix zu fragen)

Telefon

Ist der Ertl schon wieder da? Wenn ja, sofort anrufen! Bei dem piept's wohl... Nur weil Indira Gandhi mich mal beiläufig gefragt hat, was ich an Ihrer Stelle mit den vielen hl. Kühen anfinge, will Bruder Josef gleich alle aufkaufen. Soooo hab ich das nicht gemeint!

Die FDP kann sich doch nicht alles erlauben...

Vorplanung für heute

Saustall bzw. Rinderstall aufräumen

Das Wichtigste heute

Ertl Bescheid stoßen und ggfalls Kühe wieder abbestellen!

Dienstag

23. September
39. Woche

Termine

7.00 Abflug nach Washington (AIR FORCE ONE)
7.30
8.00
8.30
9.00
9.30
10.00
10.30
11.00
11.30
12.00
13.00
14.00
14.30 Parade in Washington abnehmen
15.00
15.30
16.00 Friseur.
16.30
17.00 Treffen mit Kissinger.
17.30 (Er braucht wieder Englisch-Unterricht!)
18.00
19.00
20.00
21.00
Abend Dinner im White House (Anzug, Krawatte?)

Werde **Carter** besonders ~~auch~~ für den Fall seiner Wiederwahl eine **Volontärstelle** bei mir anbieten. Beim Dinner! Ein Angebot, das ich nicht jeden Tag und nicht jedem x-beliebigen mache. Wenn Jimmy sich ziert, drohe ich ihm, sonst für das Amt des US-Präsidenten zu kandidieren. Das wird ihn weich machen...

Vorplanung für heute

Im Flugzeug Pressegespräch mit braven Journalisten. Bölling hat ausgesiebt...

23. 9.

Das Wichtigste heute

Erdnüsse für Jimmy mitnehmen. Evtl. auch einen Erdnußknacker & Lotsi fagen (gibt's das?)

Du Cola holen, mak snell!

Gern, Master Schmidt, Sir!

Das wird mir offengesagt langsam peinlich, lieber Yamani..
Die meinen Allah, Euer Exzellenz...

OKTOBER
M 6 13 20 27
D 7 14 21 28
M 1 8 15 22 29
D 2 9 16 23 30
F 3 10 17 24 31
S 4 11 18 25
S 5 12 19 26

39. Woche

Mittwoch
24. September

Termine

- 8.00 — Wieder zuhause! Kaffee in Ordnung.
- 9.00 — Sondersitzung
- 10.00 — Bundestag! Lage der Nation (Ist sehr gut).
- 11.00 — An die Wahlen denken
- 12.00 / 13.00 — Mittagessen mit Wehner (Labskaus? Kartoffelsalat? Milka?)
- 15.30 / 16.00 — Führungsakademie Bundeswehr, Vortrag: Wie regiere ich?
- 17.30 — Friseur
- 18.00 / 19.00 — Live im ZDF zur Lage der Nation (Sehr gut)
- 21.00 Abend — Malen (Farben?)

☎

Anruf von Yamani: Bedankt sich für Ratgeber Karl Schiller. Bitte sehr. Anfangs Probleme!!! Schiller dachte immer, die Moslems verneigten sich vor ihm (statt vor ✉ Allah). Typisch Karlchen!!!

Brief an Trudeau nicht vergessen (Er soll heiraten, wen er will, da mische ich mich nicht ein...)

Vorplanung für heute

Schiller fragen, was der Ölpreis macht. Die westliche Welt wartet auf meine ökonomischen Anweisungen.

Das Wichtigste heute

Coca-Cola bestellen (Familienflasche)

24.9.

Samstag

27. September — 39. Woche

SEPTEMBER
M 1 8 15 22 29
D 2 9 16 23 30
M 3 10 17 24
D 4 11 18 25
F 5 12 19 26
S 6 13 20 27
S 7 14 21 28

Zeit	Termine
7.00	
7.30	
8.00	
8.30	
9.00	**Privataudienz für Johannes Paul II.**
9.30	(Hl. Stuhl will mich heilig-
10.00	sprechen) !!!!
10.30	
11.00	Wäre sehr günstig noch
11.30	
12.00	vor dem **Wahltermin**.
13.00	
14.00	Müßte aber konver-
14.30	tieren... (?)
15.00	
15.30	
16.00	
16.30	**unfehlbar bin**
17.00	ich ~~heute~~ jetzt schon (Küng anrufen)
17.30	
18.00	**Regieren!**
19.00	
20.00	Armer Willy: hat nur den **Friedens-**
21.00	**nobelpreis**...
Abend	

Vorplanung für heute
Werde Bedenkzeit erbitten...

Das Wichtigste heute
{ Loki fragen, ob sie mit einem Heiligen leben möchte...

27.9.

63

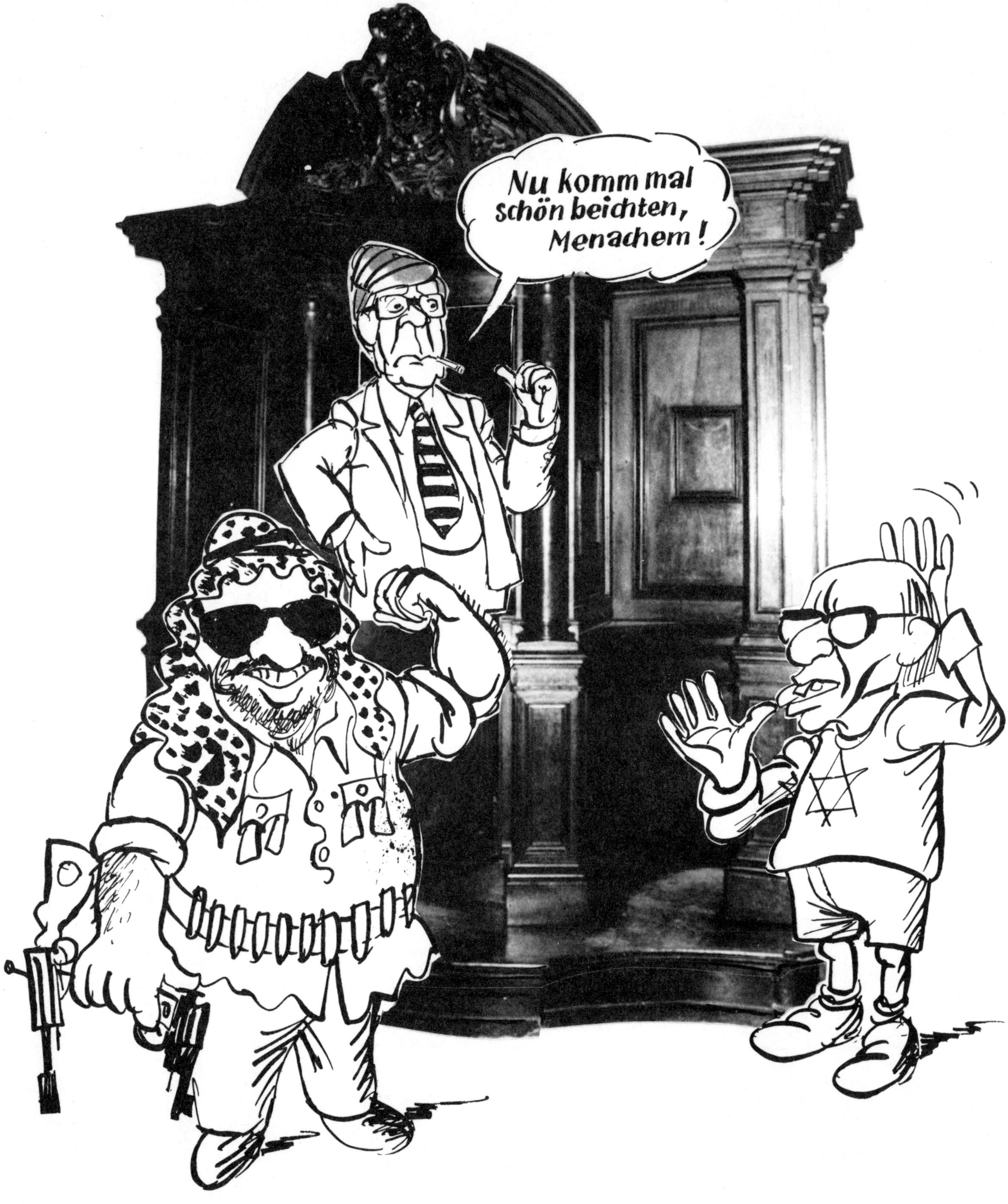
Nu komm mal schön beichten, Menachem!

Sonntag

28. September

OKTOBER — 39. Woche

- 7.30 — Kaffee noch nicht fertig.
- 8.00 → Heute besonderer Tag! Werde Arafat und Begin zusammen die Beichte abnehmen!! (Beichtstuhl aus St. Peter ein Mitbringsel von Joh. Paul II.)
- 16.00 — Regieren
- 17.00 — ev. Dankgottesdienst im Kanzleramt

Kikeriki

Muß natürlich Beichtgeheimnis wahren. Trotzdem Nahost-Lösung zu erwarten. Waldheim wird sich freuen...

Vorplanung für heute: Gesangbuch nicht vergessen!

Das Wichtigste heute: Auf so eine Idee ist nicht mal der Kreisky gekommen...

28. 9.

TELEFON
ICHKURZ
B-Kanzler: "
Breschnew: "
KNACKEN IN DER LEI
B-Kanzler: " Bist Du
KNACKEN.LEITUNG OFFEN

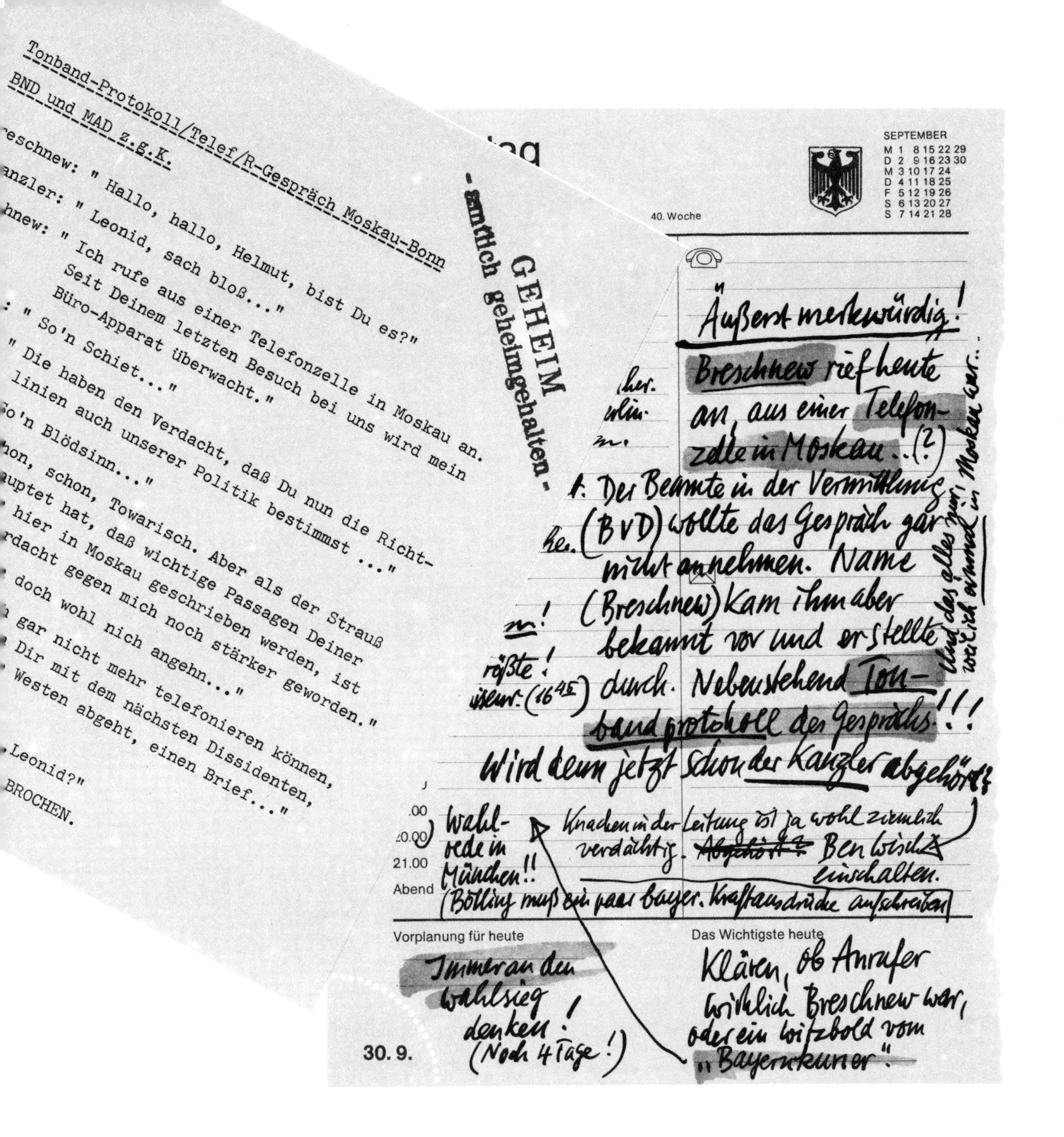

```
Tonband-Protokoll/Telef/R-Gespräch Moskau-Bonn
BND und MAD z.g.K.
------------------------------------------------

Breschnew: "Hallo, hallo, Helmut, bist Du es?"

Kanzler: "Leonid, sach bloß..."

Breschnew: "Ich rufe aus einer Telefonzelle in Moskau an.
           Seit Deinem letzten Besuch bei uns wird mein
           Büro-Apparat überwacht."

K: "So'n Schiet..."

B: "Die haben den Verdacht, daß Du nun die Richt-
    linien auch unserer Politik bestimmst..."

K: "So'n Blödsinn..."

B: "Schon, schon, Towarisch. Aber als der Strauß
    behauptet hat, daß wichtige Passagen Deiner
    Rede hier in Moskau geschrieben werden, ist
    der Verdacht gegen mich noch stärker geworden."

K: "Ich kann doch wohl nich angehn..."

B: "Ich kann gar nicht mehr telefonieren können,
    will Dir mit dem nächsten Dissidenten,
    der nach Westen abgeht, einen Brief..."

K: "Leonid?"

ABGEBROCHEN.
```

GEHEIM — amtlich geheimgehalten —

SEPTEMBER — 40. Woche

📞

"Äußerst merkwürdig!
Breschnew rief heute
an, aus einer Telefon-
zelle in Moskau...(?)
Der Beamte in der Vermittlung
(BVD) wollte das Gespräch gar
nicht annehmen. Name
(Breschnew) kam ihm aber
bekannt vor und er stellte
durch. Nebenstehend Ton-
bandprotokoll des Gesprächs.!!!

Und das alles zum 2. mal, wo ich einmal in Moskau war...

Wird denn jetzt schon der Kanzler abgehört?

Knacken in der Leitung ist ja wohl ziemlich verdächtig. ~~Abgehört~~ Ben Wisch einschalten.

20.00 Wahl-
rede in
21.00 München!!
Abend
(Bölling muß ein paar bayer. Kraftausdrücke aufschreiben)"

Vorplanung für heute

Immer an den
Wahlsieg
denken!
(Noch 4 Tage!)

30.9.

Das Wichtigste heute

Klären, ob Anrufer
wirklich Breschnew war,
oder ein Witzbold vom
"Bayernkurier".

Donnerstag

2. Oktober
40. Woche

OKTOBER
M 6 13 20 27
D 7 14 21 28
M 1 8 15 22 29
D 2 9 16 23 30
F 3 10 17 24 31
S 4 11 18 25
S 5 12 19 26

Zeit	Termine	
7.00		
7.30		☎ Anruf vom Hl. Stuhl:
8.00	Kaffee war zu schwarz	Ob ich es mir schon
8.30		überlegt hätte...
9.00		
9.30	Fritz Zimmermann	
10.00	(CSU)	→ (machte ein beinahe
10.30		unsittliches Angebot.
11.00		Hat wohl Angst,
11.30	für heute abend)	
12.00	Rede kürzen	✉ daß am Sonntag
13.00		überhaupt nix
14.00	Kraftbrühe!	läuft mit seinem
14.30		Kandidaten und
15.00		bietet mir eine große
15.30		Koalition (!) an...)
16.00		(Die Lage sei ernst. Da kann
16.30		ich ja bloß lachen)
17.00	Friseur	
17.30	Wahlrede in Düsseldorf	
18.00		
19.00		
20.00		
21.00	Essen mit Big Shots von der Industrie (wollen	
Abend	wahrscheinlich gut Wetter machen...) Düsseldorf	

Vorplanung für heute

Fürs Abendessen
Knackwurst bestellen
(Coca-Cola oder was?)
(Nur noch 2 Tage bis zur Wahl)

2.10.

Das Wichtigste heute

Zimmermann!
vergessen...!

"SO SCHLECHT GEHT'S UNS NOCH NICHT, MEIN LIEBER ZIMMERMANN..."

Samstag

4. Oktober   40. Woche

OKTOBER
M 6 13 20 27
D 7 14 21 28
M 1 8 15 22 29
D 2 9 16 23 30
F 3 10 17 24 31
S 4 11 18 25
S 5 12 19 26

Termine

- 7.30 — Kaffee warm bitte!
- 9.00 — Friseur.
- 10.00 — Große Schlußkundgebung in Bonn. Mit Fernsehen!!
- 14.00 — Bruno Kreisky kommt (um mir Glück zu wünschen für morgen) werde ihm zum Dank einen sehr lustigen Witz erzählen (siehe Ausschnitt).

Vatikan anrufen! Möchte mich heuer noch nicht heiligsprechen lassen. Vielleicht nächstes Jahr... Ob der Hl. Stuhl beleidigt ist?

> „Neuerdings kann man neben Herzen oder Nieren auch Gehirne übertragen. Kommt ein Mann in die Klinik und will etwas ganz Exklusives haben. Der Chirurg bietet ein Professorengehirn an, 500 Gramm 10 000,– Mark. Das ist dem Patienten nicht exklusiv genug. Also, sagt der Chirurg, unser exklusivstes Angebot ist österreichisches Gehirn, da kosten 50 Gramm 100 000,– Mark. Donnerwetter, wundert sich der Kunde. Ja, sagt der Chirurg, was meinen Sie, wieviel Österreicher wir brauchen, um 50 Gramm Gehirn zu bekommen?"

Abend: Orgel spielen!!! (ab immer Treu & Redlichkeit)

Kreisky läßt sich nicht einmal von mir etwas sagen.

Vorplanung für ~~heute~~ morgen — Nicht nervös werden, auch wenn die absolute Mehrheit droht...

Das Wichtigste heute: ??

4.10.

Sag mal, Bruno, kennst Du den schon...?

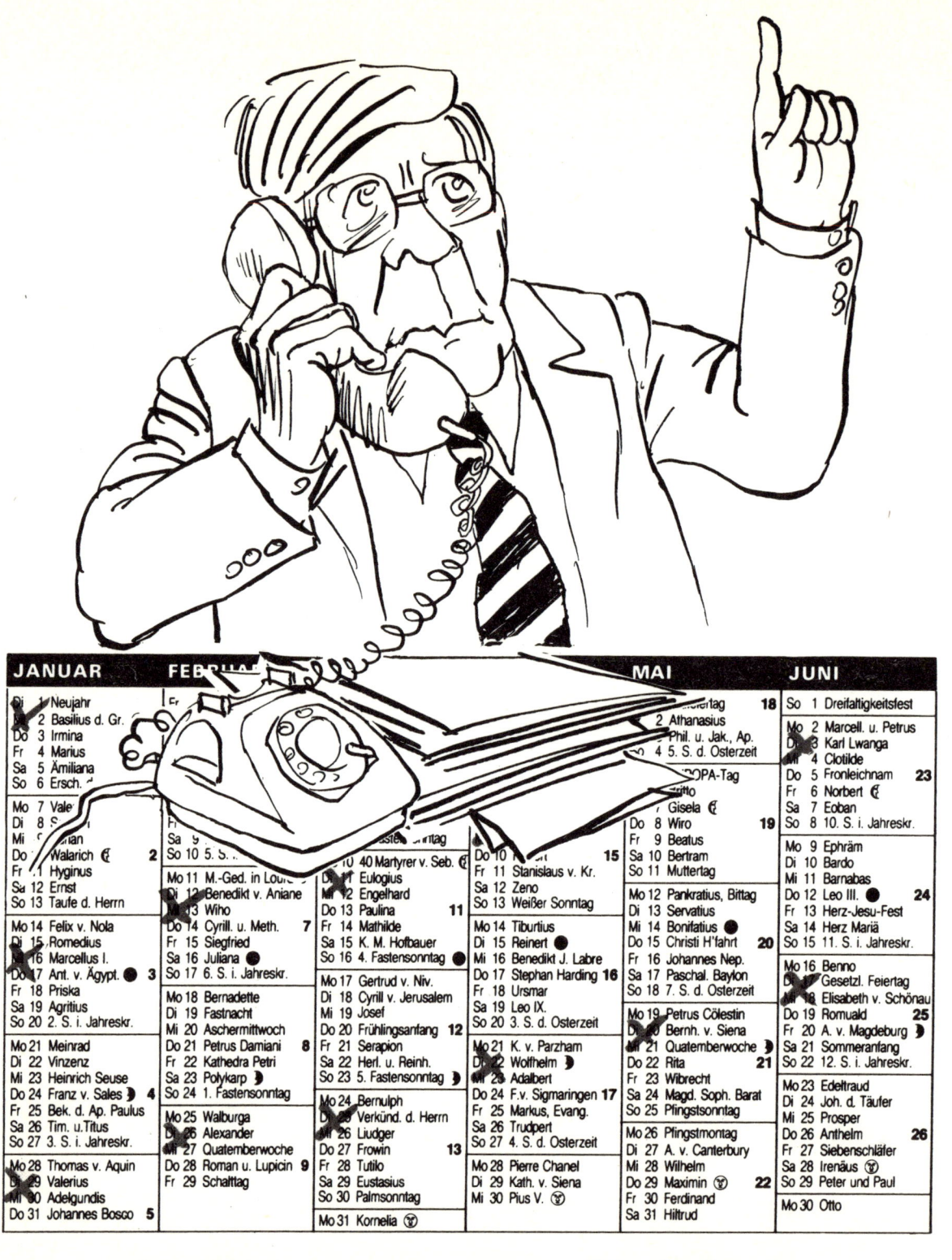

Die Welt vertraut ihm. Und Sie?

*Hier spricht
der Bundeskanzler*

Hausmitteilung

VON: Bölling, Regierungssprecher
AN: Den Herrn Bundeskanzler

Lieber Herr Bundeskanzler,

sicher ist auch Ihnen noch in unangenehmer Erinnerung, wie mühsam und leider auch peinlich es war, als Sie im Dezember 79 aus Ihrer schon fertig aufgezeichneten Neujahrs-Fernseh-Ansprache ans Volk nachträglich einen positiven Satz über die friedliebende Sowjetunion durch eine kritische Anmerkung ersetzen mußten, weil die Scheiß-Russen ausgerechnet an Weihnachten in Afghanistan eingefallen sind – ohne uns vorher Bescheid zu sagen, versteht sich.
Daß dafür extra ein Fernseh-Team in Ihr Urlaubsdomizil nach Mallorca fliegen mußte, stört mich dabei weniger als der Gedanke: Was, wenn der Einmarsch erst am Silvestertag passiert und es für jede Änderung Ihrer Ansprache zu spät gewesen wäre?
Nach längerem Nachdenken bin ich auf eine Lösung gekommen, mit der man derartige Überraschungen abfangen könnte und die ich Ihnen, sehr verehrter Herr Bundeskanzler, hier vorlegen möchte.
Die Lösung wäre eine Standard-Ansprache des Bundeskanzlers, geeignet für Weihnachten, Neujahr oder zur Lage der Nation z.B., die nicht aus einem Stück, sondern aus einzelnen a u s t a u s c h b a r e n Bausteinen besteht!
Diese können je nach Bedarf und Anlaß innerhalb weniger Minuten (bei Einspeisung in einen Computer sogar in Sekunden) zu einer höchst aktuellen Rede zusammengesetzt werden – und zwar ohne Sie, sehr geehrter Herr Bundeskanzler, noch einmal belästigen zu müssen, wenn Ihnen die Experten mit ihren falschen Prognosen wieder mal einen Streich gespielt haben sollten.
Das Prinzip ist denkbar einfach: Es gibt einen Standard-Baustein ① für 10 Floskeln und 11 verschiedene sogenannte Modul-Redewendungen, ② bis ⑫, mal so und mal so.
Je nach Gegebenheit baut man die Teile zusammen und es kann nichts mehr passieren.
Anbei ein Modell mit zwei ausgeführten Varianten zu den Themen „Afghanistan", „Wirtschaft" und „Renten", wobei es selbstverständlich noch viele andere Möglichkeiten gibt.
Was halten Sie von dieser Idee, sehr geehrter Herr Bundeskanzler?

Herzlichst immer Ihr Regierungssprecher

Klaus Bölling
Klaus Bölling

PS: Wie gefällt Ihnen die neue Rodenstock-Brille?

LIEBE MITBÜRGER!

HIER SPRICHT DER BUNDESKANZLER

ZU WEIHNACHTEN   ZUM NEUEN JAHR   ZUR LAGE DER NATION

DIE LAGE DER NATION IST   BESORGNISERREGEND   GUT

DIE WIRTSCHAFT WÄCHST   NICHT SO   WIE SIE SOLLTE

INFLATION & ARBEITSLOSIGKEIT   HABEN WIR   IM GRIFF

DIE RENTEN SIND   NUN DOCH NICHT   GANZ SICHER

DIE SOWJETUNION LIEBT DEN FRIEDEN UND IST AN DER ENTSPANNUNG INTERESSIERT

DER EINMARSCH SOWJETISCHER TRUPPEN IN .... BEDROHT DEN WELTFRIEDEN

ICH WÜNSCHE IHNEN

FRÖHLICHE WEIHNACHTEN   EIN GESEGNETES NEUES JAHR

Standard-Ansprache des Bundeskanzlers im Modulsystem mit sämtlichen verfügbaren Bausteinen (WORT). Auf den Seiten 76 bis 79 folgen die verfügbaren dazugehörigen BILD-Bausteine.

①

LIEBE MITBÜRGER!
HIER SPRICHT DER BUNDESKANZLER
ZU WEIHNACHTEN   ZUM NEUEN JAHR
ZUR LAGE DER NATION
DIE LAGE DER NATION IST
DIE WIRTSCHAFT WÄCHST
WIE SIE SOLLTE
INFLATION & ARBEITSLOSIGKEIT
DIE RENTEN SIND
ICH WÜNSCHE IHNEN

②

BESORGNISERREGEND

③

GUT

④ HABEN WIR

⑤ NICHT SO

⑥ IM GRIFF

⑦

NUN DOCH NICHT

⑧

GANZ SICHER

⑨

DIE SOWJETUNION LIEBT DEN FRIEDEN UND
IST AN DER ENTSPANNUNG INTERESSIERT

⑩

DER EINMARSCH SOWJETISCHER TRUPPEN IN
.... BEDROHT DEN WELTFRIEDEN

⑪

FRÖHLICHE WEIHNACHTEN

⑫

EIN GESEGNETES NEUES JAHR

LIEBE MITBÜRGER!

HIER SPRICHT DER BUNDESKANZLER

| ZU WEIHNACHTEN | ZUM NEUEN JAHR | ZUR LAGE DER NATION |

DIE LAGE DER NATION IST ~~BESORGNISERREGEND~~ GUT

DIE WIRTSCHAFT WÄCHST ~~NICHT SO~~ WIE SIE SOLLTE

INFLATION & ARBEITSLOSIGKEIT HABEN WIR IM GRIFF

DIE RENTEN SIND ~~NUN DOCH NICHT~~ GANZ SICHER

DIE SOWJETUNION LIEBT DEN FRIEDEN UND IST AN DER ENTSPANNUNG INTERESSIERT

~~DER EINMARSCH SOWJETISCHER TRUPPEN IN .... BEDROHT DEN WELTFRIEDEN~~

ICH WÜNSCHE IHNEN

FRÖHLICHE WEIHNACHTEN   EIN GESEGNETES NEUES JAHR

**Standard-Ansprache des Bundeskanzlers im Modulsystem
OPTIMISTISCHE VERSION**

LIEBE MITBÜRGER!

HIER SPRICHT DER BUNDESKANZLER

ZU WEIHNACHTEN   ZUM NEUEN JAHR   ZUR LAGE DER NATION

DIE LAGE DER NATION IST   BESORGNISERREGEND   ~~GUT~~

DIE WIRTSCHAFT WÄCHST   NICHT SO   WIE SIE SOLLTE

INFLATION & ARBEITSLOSIGKEIT   HABEN WIR   ~~IM GRIFF~~

DIE RENTEN SIND   NUN DOCH NICHT   GANZ SICHER

~~DIE SOWJETUNION LIEBT DEN FRIEDEN UND IST AN DER ENTSPANNUNG INTERESSIERT~~

DER EINMARSCH SOWJETISCHER TRUPPEN IN .... BEDROHT DEN WELTFRIEDEN

ICH WÜNSCHE IHNEN

FRÖHLICHE WEIHNACHTEN   EIN GESEGNETES NEUES JAHR

Standard-Ansprache des Bundeskanzlers im Modulsystem
PESSIMISTISCHE VERSION

Die Antwort des Bundeskanzlers steht bisher noch aus.

Mal abschalten, Leute!

oder

Der Kanzler wünscht den fernsehfreien Tag

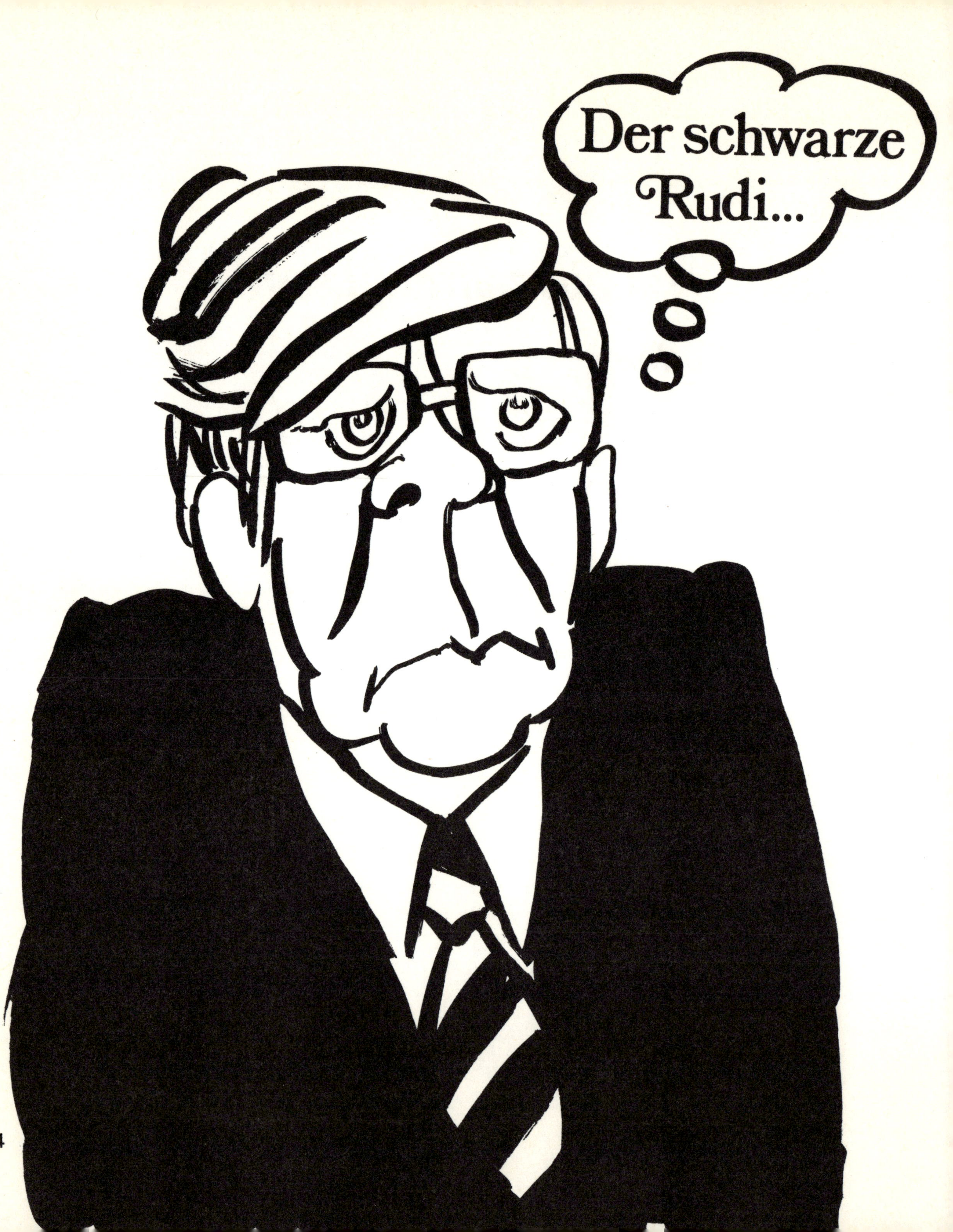
Der schwarze Rudi...

»Damit kein Mißverständnis entsteht: Ich bin kein Fernsehfeind, und es käme mir nicht in den Sinn, das Fernsehen allgemein schlechtzumachen. Im Gegenteil, ich bin ein Freund des Fernsehens. Nebenbei, wie sollte ich es nicht sein, da ich diesem Medium in meinem politischen Wirken viel verdanke.«

»Das Fernsehen hat eine wichtige Aufgabe in unserer Gesellschaft: für jeden eine Verbindung herzustellen zu dem, was in unserem Lande und in der Welt gedacht, gesagt und getan wird und es trägt dazu bei, elementare Bedürfnisse des Menschen in der modernen Welt zu befriedigen: Bedürfnisse nach Bildung, Information, Unterhaltung und Entspannung.«

> Mit Berlin ist auch nicht alles zu entschuldigen

Ogotto

»Niemandem soll die Freude am Fernsehen genommen werden. Jeder, der möchte, soll sich entspannen können. Für viele von uns bietet das Fernsehen eine Chance des Zuschauens, des Abschaltenkönnens, des Nicht-mehr-anstrengen-müssens. Oft macht das Fernsehen ungeheuer viel Spaß.«

Kartoffelnase

»Aber derjenige, der vor dem Fernsehgerät sitzt, ist in seiner Wahrnehmung mit sich allein. Die auf dem Bildschirm auftretenden Personen besetzen zwar die Phantasie des Zuschauers, er kann mit ihnen jedoch nicht in eine lebendige unmittelbare Beziehung treten, z. B. in ein Gespräch. Es entsteht eine Pseudogemeinschaft.«

Hiiiii

»Andererseits gibt es kein anderes Medium, das uns das Geschehen in allen Teilen der Welt so hautnah und interessant vermitteln kann. Oft aber wird man mit lauter Scheiße berieselt.«

iilfee!!

Piese-pampel…

»Gleichwohl ist das Fernsehen ein sehr attraktives und bestimmendes Medium. Es ist schwer, sich seiner Anziehungskraft zu entziehen, z. B. können die Zeitungsjournalisten noch soviel Scheißdreck über mich schreiben, das kommt bei den Leuten nicht an. Nur Fernsehen zählt.«

Chauvinisten-Bubi

»Dummes Zeug kann man viel reden,
Kann es auch schreiben,
Wird weder Leib noch Seele töten,
Es wird alles beim alten bleiben.
Dummes, vors Auge gestellt,
Hat ein magisches Recht,
Weil es die Sinne gefesselt hält,
Bleibt der Geist ein Knecht!«

Johann Wolfgang v. Goethe

»Ich weiß, mein Vorschlag eines fernsehfreien Tages könnte mißverstanden werden. Es wird heißen, ich wollte die Leute gängeln oder ich spräche ihnen die Mündigkeit ab. Solche Vorwürfe gehen am Kern der Sache vorbei. Ich habe wirklich nicht den Ehrgeiz, mich als Oberlehrer der Nation zu betrachten.

Aber ich bin sicher, daß Hunderttausende Deutsche ein schlechtes Gewissen haben, weil sie selber spüren, daß sie zu oft und zu lange vor dem Glotzkasten sitzen.«

»Die Befreiung der Menschheit vom Fernsehen muß jetzt beginnen.«

Vetter Franz auf dem Esel
oder
Das Lieblingsmärchen des Bundeskanzlers

Selten komme ich in der Hektik der täglichen – auch nächtlichen – Regierungsgeschäfte dazu, Märchen zu lesen, wenn man mal davon absieht, was dem Bundeskanzler so auf den Tisch kommt.
Ich bedauere das umso mehr, als ich von der Bildhaftigkeit und auch Knappheit ihrer Darstellung schon als Kind angetan war. Besonders faszinierten mich die Bildgeschichten meines norddeutschen Landsmannes Wilhelm Busch, die mir meine liebe Tante Jenny, lange bevor ich selbst zu lesen imstande war, nahegebracht hat. Eine davon möchte ich hier – so wie sie mir erinnerlich ist – dem geneigten Leser zur Kenntnis bringen: Die Geschichte vom »Vetter Franz auf dem Esel«

Vetter Franz auf dem Esel

Die hübschen Bäschen bitten sehr:
„Ach, Vetter Franz: Reit mal umher!"

Und Franz, natürlich gleich bereit,
Gewinnt das Tier durch Freundlichkeit.

Schon sitzt er drauf und kommt nicht weiter,
worob die Basen gar nicht heiter.

Er denkt: Ja, wart!
Du wirst schon gehn!
Ich muß dich mal beim Schwanze drehn!

Jetzt brennt er ihm am Kreuz herum;
Den Esel ziehn die Schmerzen krumm.

Und der, der eben noch verstockt,
Ermuntert sich und springt und bockt.

Im Eck, wo die Geräte hängen,
Sucht er den Vetter zu bedrängen.

Nun druckt er gar nach hint hinaus
Ins glasbedeckte Blumenhaus.

Da steht die bittre Aloë,
Setzt man sich drauf, so tut es weh.

Die treibt durch ihre Dorne
Den Esel schnell nach vorne.

Und — schwupp! — kommt Vetter Franz im Bogen
Auf die Kusinen zugeflogen.

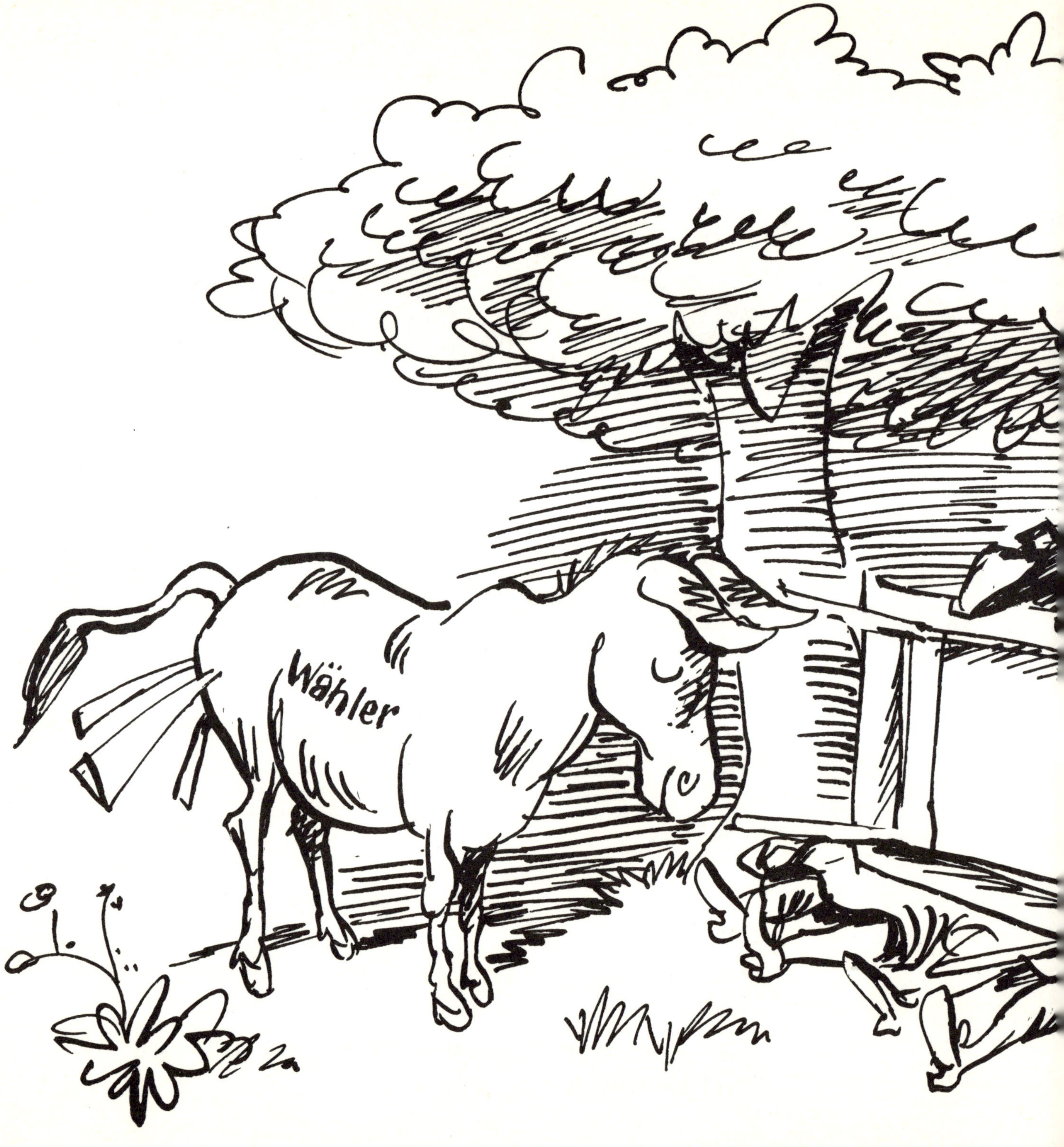
Wähler

Und – plauz! pardauz! – geht's über Kopf
Durch Butter und durch Millichtopf.

Am Schluß bemüht ein jeder sich,
Hinwegzutun, was hinderlich.

Fundstücke vom Wege eines Weltenlenkers

Der Kanzler als Künstler:

Findet unser Bundeskanzler Zeit zum Malen (es gehört zu seinen liebsten Hobbys), dann malt er sein Lieblingsmotiv: Einen in allen Regenbogenfarben schillernden Hahn (Abb. 1). Für die Firma seines Parteifreundes Philip Rosenthal ist unser Bundeskanzler hin und wieder sogar als Designer tätig. Zwei Beispiele: Schon vor geraumer Zeit entstanden die Skizzen zweier Pfeifenköpfe (Abb. 2).
Jüngeren Datums ist der Entwurf eines Prominenten-Bierkrugs (Abb. 3).

Abb. 1

Abb. 2

Abb. 3

Was den Herrn Bundeskanzler kränkt...

»Besonders tief kränkt mich die Behauptung, ich gehöre zu denen, die nicht über den Tag hinaus denken, die keine Perspektive haben. Wie sehr mir ganz im Gegenteil die Vorteile der Perspektive bewußt sind, zeigen die folgenden Abbildungen:

Abb. 1 Zunächst erscheinen die dargestellten Personen gleich groß (Abb. 1).

Erst die von mir hinzugefügte Perspektive macht die wahren Größenverhältnisse deutlich« (Abb. 2).

Abb. 2

Aus der Wirtschaftsschule geplaudert...

5% Inflation sind besser als 5% Arbeitslosigkeit

Und was sagen wir den Arbeitslosen, Herr Bundeskanzler?

Dahinter steckt sicher ein kluger Kopf...

Wie sich der Bundeskanzler eine gut informierte, ausgewogene, sachlich kommentierende, verantwortungsbewußte, tiefschürfende, konstruktiv kritische und journalistisch saubere Zeitung vorstellt...

Was der Kanzler nebenbei treibt...

Wie aus sicherer Quelle verlautet, will Bundeskanzler Schmidt – der perfekt Platt spricht – nun noch Bayrisch (Abb. 1 und 2) und Schwäbisch lernen (Abb. 3). Englisch kann er schon (Abb. 4)

Bazi, vadächtiga!
Hodalump, abscheiliga!
Spitzbua, elendiga!
Kein ein kann dat...

999 Worte Bayrisch

Abb. 1

Tuans ma an Oa geben, moane Liabe, oda bessa droa – und schnoadens ma a Schoaben Brod abi!)*

Abb. 2

Schaffe, schaffe, Häusle baue und dem Kanzler fescht vertraue!

Abb. 3

Giscard is good, Carter is not so good, J am very good...

Abb. 4

---
*) Die Sprachbeispiele stammen aus dem Buch »999 Worte Bayrisch«, Süddeutscher Verlag, 1978

Worüber der Kanzler lachen kann...

"Jck bün all dor"

"Jck bün all dor"

"WEISST DU, WARUM UNSER KANZLER AUCH BEI EINER BESTENS AUSGERÜSTETEN SAHARA-EXPEDITION VERDURSTEN MÜSSTE?"

"NEIN, WARUM?"

"WEIL IHM KEINER DAS WASSER REICHEN KANN"

"AHA"

Und das ist der Lieblingswitz des Bundeskanzlers ➔

"BITTU DER MANN, DER ALLE PROBLEME LÖSEN KANN?"

"JA!"

"DANN BITTU HELMUT SCHMIDT!"

Geplante Ehrungen... GEHEIM
- amtlich geheimgehalten -

Im Falle eines als unvermeidbar betrachteten Wahlsieges am 5. Oktober 1980 soll Bundeskanzler Helmut Schmidt unter anderem folgendermaßen geehrt werden:

1. Ähnlich wie sein großes Vorbild Otto v. Bismarck, der bekanntlich erst durch den gleichnamigen Hering unsterblich wurde (Abb. 1), soll Bundeskanzler Schmidt der Nachwelt insofern erhalten werden, als der mit ihm untrennbar verbundene Begriff SCHMIDT-SCHNAUZE (Copyright Richard Jaeger, CSU) in „Wehners Enzyklopädie der Deutschen Umgangssprache" aufgenommen wird. Die Deutsche Bundespost gibt zu diesem Anlaß die längst fällige Sonderbriefmarke heraus (Abb. 2).

(Abb. 1)

2. Die im Garten des Bundeskanzleramtes stehende Monumental-Skulptur „Two Large Forms" von Helmut Schmidts Lieblingsbildhauer Sir Henry Moore wird von Sir Henry eigenhändig dem Anlaß entsprechend umgehauen (Abb. 3).

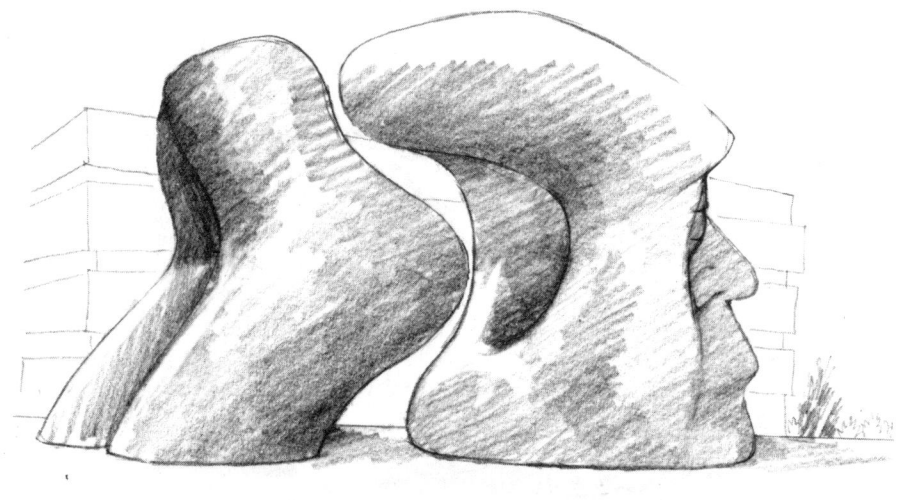

(Abb. 2)

(Abb. 3)

(Abb. 4)

3. Als absoluter Höhepunkt der geplanten Ehrungen benennt sich die „Sozialdemokratische Partei Deutschlands" (SPD) um in „Helmut Schmidt-Verein" (HSV) und ernennt Bundeskanzler Helmut Schmidt zum Ehrenrechtsaußen auf Lebenszeit (Abb. 4).

Aus Lokis Botanisier-Büchlein

Mimosa Hamburgensis (Nolimetangere)

Seltener Feuerwehr-Wurz (Wischnewiski wischnewski) Blüht erst unter extremen Bedingungen richtig auf!

Bayerischer Vogelbeerbaum (kommt im Herbst zur allerschönsten Blüte)

"...'n büschen überkandidelt, Loki, wie?"

Goethe Schopenhauer da Vinci Einstein Shakespeare Kepler Galilei Schweitzer

Universal-Genies. Diese Männer besaßen zusammen nicht annähernd soviel Wissen wie ...

Deutschland deine Denker

... ER !

Die Schlüsselanhänger des Bundeskanzlers

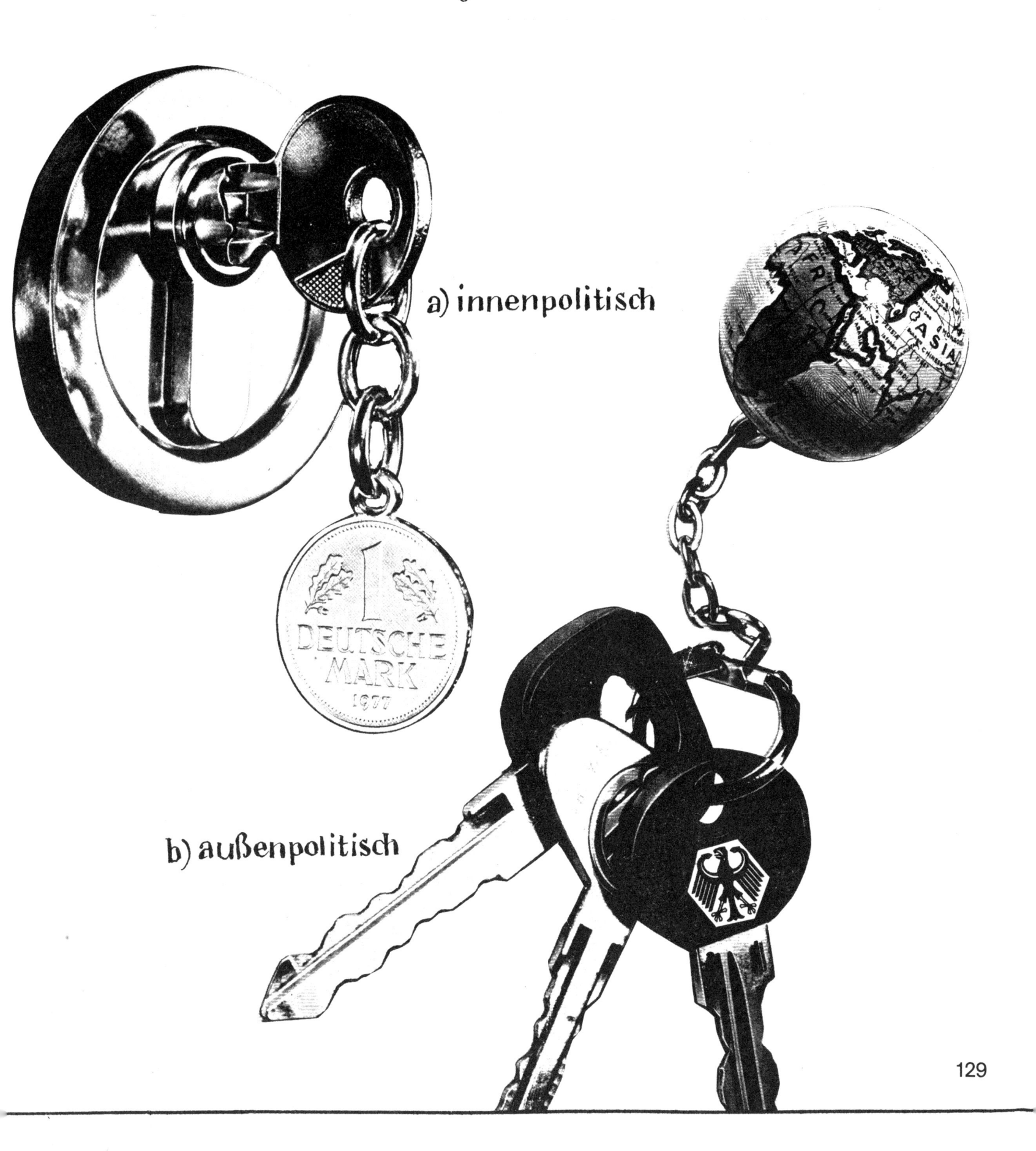

a) innenpolitisch

b) außenpolitisch

„Da habt ihr ja wieder mal ein schönes Defizit gemacht in Brüssel, mein lieber Ertl.."

Europa-Politik...

"Im Gegenteil, Herr Bundeskanzler, draufzahlt hamma!"

Norddeutsches Marterl

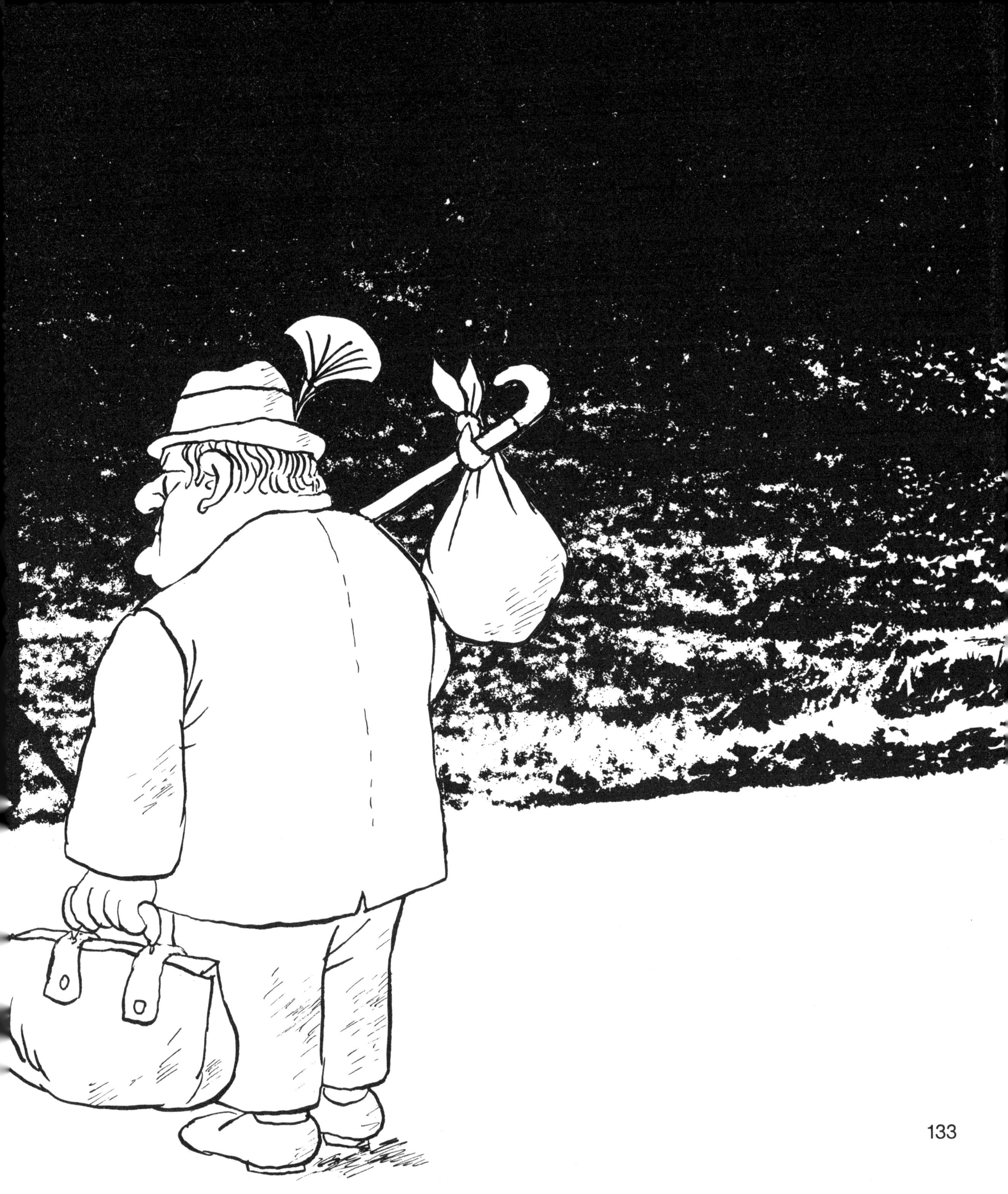

Spruchweisheit (1)

»Es ist ein Unfug, daß die Politiker gackern wie die Hennen, wenn sie ein Ei legen. Meistens gackern sie sogar, bevor sie ihr Ei gelegt haben – am lautesten dann, wenn sie gar keins legen werden.«

GACKER
GACKER
GACKER
GACKER

Spruchweisheit (2)

"Op'n grooten Oors hoirt ok 'n groote Büx!"

In Vorbereitung...

Emma Alice Schwarzer ♀

Berlin, 5.10.1980

Lieber Helmut,

in letzter Zeit ist da und dort behauptet worden, ich, Emma Alice Schwarzer, sowie alle mir unterstellten Frauen, seien gegen Dich. Das ist unrichtig!

Richtig ist vielmehr, daß wir Dich sogar zu den Unseren zählen, ja mitunter sogar als Vorbild betrachten!

Weil Du es wie kein anderer verstanden hast, Dich total von Deiner Umgebung (der SPD) zu emanzipieren, ernenne Ich Dich hiermit offiziell zur ersten männlichen Emanze der Welt! Herzlichen Glückwunsch!

Immer Deine
Emma Alice Schwarzer

"Bussi, Helmut!"

Gegendarstellung

a)

Entgegen anderslautenden Gerüchten ist das Verhältnis zwischen dem Herrn Bundeskanzler und dem SPD-Fraktionsvorsitzenden Herbert Wehner keinesfalls gespannt. Im Gegenteil. Herbert Wehner zieht dem Herrn Bundeskanzler sogar jeden Morgen den Scheitel nach.

b)

1984
Keine Experimente

Bestimmt **1988**
Keine Experimente

Bloß **1992**
Keine Experimente

Um Gottes Willen **1996**
Keine Experimente

Ebenfalls entgegen anderslautenden Aussagen steht Bundeskanzler Helmut Schmidt seiner Partei selbstverständlich für alle Zeiten als Kanzler-Kandidat zur Verfügung. Und seine Partei ist und bleibt die SPD. Alle anderen Hoffnungen und Verleumdungen sind dazu angetan, die gute Meinung des Herrn Bundeskanzlers von seinem Volk in Frage zu stellen.

Was der Herr Bundeskanzler denkt...

...wenn er Sie anschaut.
Trösten Sie sich: Wen der Herr Bundeskanzler auch anschaut, er denkt immer dasselbe!

Geheime Verschlußsache

Unzweifelhaft ist Bundeskanzler Helmut Schmidt eine Persönlichkeit, mit der man Staat machen kann. In der Beliebtheitsskala rangiert er weit oben, noch vor Franz Beckenbauer oder Hans-Joachim Kulenkampff.
Helmut Schmidts vertrauenerweckendes Äußeres ermöglicht es ihm, sogar zweit- oder gar drittklassige Politik noch erfolgreich unter die Leute zu bringen. Kein Wunder also, daß ihn auch die Werbung entdeckt hat – besser gesagt: Entdecken wollte.
Bisher jedoch liefen nur hin und wieder Gerüchte um. Gibt es einschlägige Angebote an den Herrn Bundeskanzler? Es gab sie. Jetzt besteht Gewißheit.
Der Beweis: Eine Geheimakte aus dem ängstlich gehüteten Geheimarchiv des Bundeskanzleramtes, die uns ein enttäuschter PR-Mann in die Hände spielte. Hier ist sie:

```
GEHEIME VERSCHLUSSSACHE


Akt.Z. 75/CY/ ff /.HS-BK/ geh./300-52-0001

Inhalt: Illustrierte Vorschläge respektive Angebote aus
Industrie, Handel und Verbänden zwecks angestrebter
Vermarktung des Herrn Bundeskanzlers auf dem Sektor der
Konsumgüterwerbung und /oder Public Relations etc.
Sämtlich abgelehnt (soweit bekannt), versehen mit
handschriftlichen Anmerkungen des Herrn Bundeskanzlers
persönlich.
```

Nein! Sonst fällt die Huber in Ohnmacht...

Der Geschmack von Freiheit und Frische.

Antje Huber, Bundesministerin für Familie und Gesundheit

Kanzler-Pilsener

Das Bier, dem man treu bleibt

Ganz nett! Ist das eine Hamburger Brauerei? wenn nicht: Abgelehnt.

Ein Kanzler-Treuer

»Ich trinke Weltmeister, weil ich einer bin.«

Jetzt mal, was würde man im Ausland von mir denken...

Weltmeister
Deutsches Erzeugnis

Weltmeister. Einer für alle.

"Was heißt „später noch"?

Damit Sie auch später noch kräftig zubeißen können...

JUSO

blend-a-schmidt

Ganz lustig. Aber: Abgelehnt

Toupet or not Toupet, ... that is the question

Keine Frage ist, daß auch Sie Ihr Aussehen mit einem Haarteil entscheidend verbessern können!

Der Mann am Steuer

Ist ja eigentlich ganz gut...

Stimmt aber sprachlich nicht!

Also: Nein!

wundert mich nicht, Steuerberater müssen ja nicht Deutsch können.

Einer wie wir. Bund der Steuerberater

Große Klasse! Geht aber leider wegen

ATOMKRAFT JA, BITTE

der Jusos nicht. Schade.

AKTION SICHERE RENTEN

Eine Unverschämtheit! Diese Aktion ist sicher im "Bayernkurier" (oder wie das Käseblatt heißt) ausgeheckt worden!

Stimmt ja! oder?

Was soll denn das? Es wird ja immer noch schöner...!

Nein

Filou rouge.
Ein echter Hamburger Sozialdemokrat.

Filou rouge
1974-198.

Das ist ja wohl der Gipfel! Der Bundeskanzler als „Playboy". Loki wird ganz schön sauer sein. Also: <u>Nein</u>.!!

Immer & allezeit: Unser Kanzler

Der Bundeskanzler — **Persönlich**

Lieber Klaus,

Ich schreibe diesen Brief in Spiegelschrift, damit unser Vorhaben nicht vorzeitig an die Öffentlichkeit gelangt, zum Beispiel im "Spiegel," oder so. Ich habe schon immer gewusst, dass Sie ein begabter Hund sind. Dieser Ansicht ist mittlerweile – wie ich hörte – auch Ihr Schwiegerpapa. Aber was Sie jetzt abgeliefert haben, übertrifft alles bisher Dagewesene!! Ihren Vorschlag für eine groß angelegte Public Relations-Kampagne, in deren Mittelpunkt der Bundeskanzler steht, finde ich großartig. Anfänglich sträubte sich in mir etwas gegen die Konzeption, wohl eine Folge meiner angeborenen Bescheidenheit. Dennoch stimme ich voll zu und empfehle die Schaltung ganzseitiger Anzeigen in allen wichtigen deutschsprachigen Printmedien (nicht "FAZ"!). Was ist übrigens mit TV?

Die Entwürfe lege ich bei und bleibe mit herzlichen Grüßen, auch an Ihre werte Frau Gemahlin, Ihr

Helmut Schmidt

Immer & allezeit fest im Sattel

Unser Kanzler.

Dies ist eine Information des Bundespresseamtes über die Lieblingsschokolade des Bundeskanzlers.

Dies ist eine Information des Bundespresseamtes über das Lieblingsgetränk des Bundeskanzlers.

"Lb3-c2 Se4-d6 und entweder Lf4×Sd6 Lf5×Lc2 oder Lc2×Lf5 Sd6×Lf5..."

"Ja!"

"Genial!"

Immer die richtige Lösung.
Unser Kanzler.

Dies ist eine Information des Bundespresseamtes über das Lieblingshobby des Bundeskanzlers.

Würstchen!

Stoibers ÄCHTE

Immer das richtige Urteil.

Unser Kanzler.

Dies ist eine Information des Bundespresseamtes über die Lieblingsspeise des Bundeskanzlers.

Immer das richtige Rezept.

Lacroix

HS

Doppelte Kraftbrühe

Unser Kanzler.

Dies ist eine Information des Bundespresseamtes über die Lieblingssuppe des Bundeskanzlers

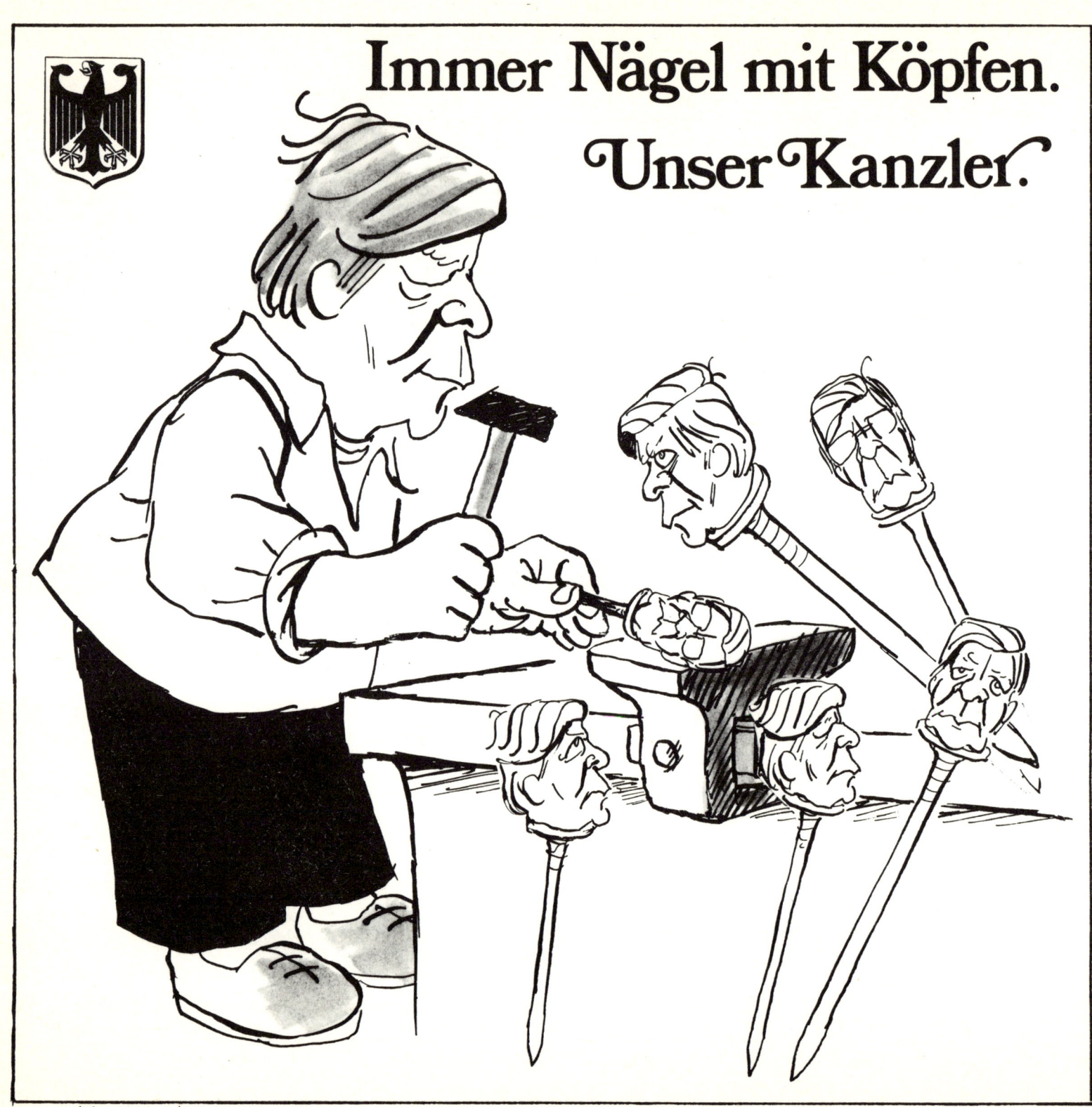

Immer Nägel mit Köpfen.
Unser Kanzler.

Dies ist eine Information des Bundespresseamtes über die Lieblingsbeschäftigung des Bundeskanzlers.

Immer den Nagel auf den Kopf. Unser Kanzler.

Dies ist eine Information des Bundespresseamtes über den Lieblingsnagel des Bundeskanzlers.

"TROTZ MEINER ANGEBORENEN BESCHEIDENHEIT STIMME ICH DEM VORSCHLAG VOLL ZU..."

Schmidt ist der Größte

Die Sterne lügen nicht
oder
Der Wendekreis des Steinbocks

Institut für Astroskopie und Astroanalyse

Sterntalerstr. 7
Bonn 1

Abtlg. Prognosen   Bonn, den 5.Juli 1980

Herrn Bundeskanzler
Helmut Schmidt

<u>Bonn 1</u>
Bundeskanzleramt, Abtlg. Prognosen

<u>Betrifft</u>: Ihr Auftrag für eine astroskopische und astroanalytische Prognose der Chancen des Herrn Bundeskanzlers bei der Bundestags - wahl am 5.10.1980 in Verbindung mit einem astroanalytischen Gutachten der Persönlichkeit des Herrn Bundeskanzlers zwecks Auswertung im Wahlkampf.

Sehr geehrte Herren,

in Ausführung Ihres geschätzten o.g. Auftrags vom 1.Mai dieses Jahres können wir Ihnen heute die von Ihnen bestellten Ergebnisse übermitteln.
Wir sind sicher, daß Sie mit unserer Arbeit zufrieden sein werden. Vor allem treffen <u>unsere</u> Prognosen ein - was man von den Prognosen anderer Institute nicht immer sagen kann. Die Sterne lügen eben nicht.

Dies behauptet mit vorzüglicher Hochachtung immer

Ihre *[Unterschrift]*
Prof. Marie-Elisabeth Schnelles-Heumann
INSTITUT FÜR ASTROSKOPIE UND ASTROANALYSE

Institut für Astroskopie und Astroanalyse

Sterntalerstr. 7
Bonn 1

Prognose der Wahlchancen des Herrn Bundeskanzlers in Verbindung mit einem astroanalytischen Gutachten des Herrn Bundeskanzlers auf der Basis seines Tierkreiszeichens (STEINBOCK)*

I Astroanalytisches Gutachten des Herrn Bundeskanzlers.

1.1. Gemäß uns zur Verfügung stehender Angaben wurde der Herr Bundeskanzler am 23.12.1918 und damit im Tierkreiszeichen des Steinbocks geboren. In diesem Tierkreiszeichen erblicken nur außergewöhnliche Menschen das Licht der Welt, was auf den Herrn Bundeskanzler in ebendiesem Maße zutrifft. Er ist heute 62 Jahre alt und befindet sich in der sog. Neptunphase des Lebens (Neptun symbolisiert den sich weiterentwickelnden menschlichen Verstand, der als Geist die Materie überwindet).

1.2. *Planetarische Einflüsse zur Zeit der Geburt des Herrn Bundeskanzlers und ihre Auswirkungen.*

1918, im Jahr der Geburt des Herrn Bundeskanzlers, stand der Planet Mars im Zeichen des Wassermanns.

Diesem Einfluß ist es zuzuschreiben, daß der Herr Bundeskanzler ein echter Intellektueller ist, der das Wohl der Menschheit im Sinn hat.

Der damaligen Position des Jupiter im Zeichen des Krebses verdankt der Herr Bundeskanzler, daß sich bei ihm Verstand und Gefühl zu einem seltenen Gleichgewicht verbinden, was ihn zu einem gütigen, wohlwollenden und ausgeglichenen Menschen macht.

Saturn stand im Zeichen Löwe und gab ihm die echte Führerpersönlichkeit. Gleichzeitige günstige Aspekte von Mars zu Uranus und Jupiter verliehen ihm die dazugehörigen besten Eigenschaften, wie Mut, Entschlossenheit und Intelligenz, sowie die Fähigkeit zu großen Leistungen.

Pluto im Zeichen des Krebses bescherte dem Herrn Bundeskanzler sein phänomenales Gedächtnis und Uranus im Zeichen des Wassermann machte ihn zu einem hochherzigen, freiheitsliebenden Menschen, dessen hochentwickelte Intuition ihm seine geistige Brillanz verleiht.

---

*) Dieses astroanalytische Gutachten fußt auf zwei Werken:
„Charakter und Schicksal des Menschen im Sternbild Steinbock", Scherz-Verlag Bern, München, Wien, 1974 und „Astro-Analysis", Goldmann-Verlag München, 1978.

1.3. Steinbock sein heißt aber auch: Verinnerlichung, verhaltene Lebenskraft, Konzentration, Entsagung, Kämpfe. Die Welt des Steinbocks ist die Welt des einsamen Kämpfers, karg und einfach. Der Steinbock lebt mehr in sich selbst.

1.4. Als geborener Steinbock ist der Herr Bundeskanzler ausgezeichnet durch ein hervorragendes Urteilsvermögen (seine strenge Gerechtigkeit schlägt zu ohne Ansehen der Person), und einen objektiven, logischen Verstand. Er ist scharfsinnig, vernünftig, nachdenklich, ruhig und strahlt die unverwechselbare Kühle aus, die mit intellektueller Überlegenheit einhergeht.

1.5. Durch Hindernisse auf seinem Wege läßt sich der Steinbock, der trittsichere Kletterer mit einem extrem kleinen Wendekreis, nicht aufhalten. Er springt kurz entschlossen einfach über sie hinweg.

> Wenn die Leute das wollen, mache ich eben weiter den strammen Max.

> Bravo!

1.6. Die häufig zur Schau getragene Kälte und Härte des Steinbocks ist meist nur Schein. Sie dient ihm als Schutz, er ist leicht verletzbar und empfindlich gegen Kritik. Er möchte, daß alle Welt gut von ihm denkt.

2.1. *Physiognomie*

Die Physiognomie des Steinbock-Menschen ist geprägt durch ein längliches, leicht faltiges Gesicht, sowie dünne, verschlossene Lippen. Der Blick ist sorgenvoll und tief, wirkt oft unnahbar und eisig, zuweilen ist ein Hauch Traurigkeit darin.

> Neulings hot da Franz Josef Strauß g'sagt nach der fünften Maß Bier, solang die Sozi an der Regierung san, macht er an Bundeskanzler nia.*)

2.2. *Gestalt und Wesen*

Die Gestalt ist untersetzt und knochig, Mimik und Gang erinnern an einen Alpenbewohner. Das schlichte ungezierte Wesen des Steinbock-Menschen verabscheut Effekthascherei und hochtrabendes Getue. Alles bei ihm beschränkt sich auf das Wesentliche: Einige schlichte Worte, ein schweigender Blick, eine schmucklose Gebärde. Nichts weiter.

---

*) Text: Roider Jakl

3.1. *Persönliche Prognose des Herrn Bundeskanzlers*
   Im Tierkreiszeichen Steinbock werden Gelehrte und Philosophen geboren, vor allem aber Staatsmänner, wie z. B. Helmut Schmidt, Julius Caesar, Mao Tse Tung und Konrad Adenauer.

3.2. Aufgabe des Steinbockmenschen in der Welt

Nach der Überlieferung der Astrologie hat jedes Tierkreiszeichen eine bestimmte Aufgabe innerhalb der Entwicklung der Menschheit zu erfüllen.

Der Steinbock ist das Zeichen in der Mitte des Himmels, im Zenit des Tierkreises: Ausdruck dafür, daß ein besonderes Schicksal dem Steinbock, also dem Herrn Bundeskanzler, die wichtigste Rolle in dieser Welt vorbehalten hat! Der Steinbock ist das Schicksalszeichen, das Symbol des kosmischen Widerstreits zweier Prinzipien: Gottes und Satans!

3.3. *Mission des Steinbock-Menschen*

Die magische Astrologie trägt dem Steinbock-Menschen, also dem Herrn Bundeskanzler, eine göttliche Mission auf: Er soll beweisen, daß es dem Menschen möglich ist, von der niedrigsten Stufe der Entwicklung aus eigener Kraft zu höchster Vollendung aufzusteigen.

In seiner edelsten Form verkörpert der Steinbock-Mensch ein **Modell für die Menschheit!!**

II. **Astroskopische Prognose der Chancen des Herrn Bundeskanzlers bei den Wahlen zum Deutschen Bundestag am 5. Oktober 1980.**

1.1. *Die Namensvettern-Methode*

Neue astroskopische Forschungen erlauben die Schlußfolgerung, daß die Wahlchancen eines Kandidaten eng mit der Anzahl seiner Namensvettern (männlich/weiblich) im Wählerpublikum verknüpft sind – und umgekehrt! *(Namensvettern-Theorie,* davon abgeleitet die *Namensvettern-Methode.)* Tiefenpsychologische Untersuchungen erklären dieses Phänomen mit Hilfe des Verwandtschaftssyndroms*).

---

*) Prof. Marie-Elisabeth Schnelles-Heumann: „Das Verwandtschaftssyndrom", Astroverlag, Bonn

1.2. Die Auszählung der Namensvettern der zur Wahl stehenden Kandidaten in einem umschriebenen Wähler-Sample *(gewählt wurde der Fairness halber das Münchner [!] Telefonbuch)* ergab folgende Zahlenverhältnisse:

1.2.1. Schmidt 2470
(davon *Helmut* Schmidt 34!)
Schmid 2380
Schmitt 568
Schmidl 97
Schmied 54
Schmiedel 23
Schmiedl 10
Schmieth 13
Schmidtchen 7
Schmittlein 6
Schmith 3

Summe der Namensvettern des Herrn Bundeskanzlers im Münchner Telefonbuch insgesamt 5631

1.2.2. Strauß 208
(Kein Franz Josef enthalten!)
Strauss 31
Straus 6
Strauhs 2

Summe der Namensvettern des Herrn Kanzlerkandidaten Franz Josef Strauß im Münchner (!) Telefonbuch insgesamt 247

2.1. *Prognose der Wahlergebnisse bei der Bundestagswahl am 5. Oktober nach der Namensvetternmethode*
Bei 5631 Namensvettern des Herrn Bundeskanzlers Helmut Schmidt und 247 Namensvettern des Kanzlerkandidaten Franz Josef Strauß jeweils im Münchner Telefonbuch ergibt sich – hochgerechnet auf die gesamte Bundesrepublik – folgendes Wahlergebnis:
Schmidt 95,8%
Strauß 4,2%

2.2. Zusammenfassung und Gesamtergebnis

Ein astroskopisches Gutachten des Herrn Bundeskanzlers, sowie eine astro-analytische Analyse der Wahlchancen des Herrn Bundeskanzlers nach der Namensvetternmethode in Verbindung mit einer astro-analytischen Absicherung ergaben gewichtet und addiert folgendes Gesamtergebnis:

1. Astroskopisches Gutachten des Herrn Bundeskanzlers (gewichtet)	40%
2. Astro-analytische Analyse seiner Wahlchancen nach der Namensvetternmethode (gewichtet)	60%
3. Astro-analytische Absicherung (gewichtet)	50%
Wahlchancen des Herrn Bundeskanzlers insgesamt	**150%**

Mehr können Sie nicht erwarten.

gez. Professor Marie-Elisabeth Schnelles-Heumann
Institut für Astroskopie und Astro-Analyse

Achtung: S p e r r f r i s t für Alle bis zum 5.10.1980, 19 Uhr!

Gefährliche Druckerzeugnisse aus Bayern...

BUNDESPRÜFZENTRALE FÜR GEFÄHRDENDE SCHRIFTEN
Bundeskanzleramt

BONN

Herrn Bundeskanzler
Helmut Schmidt
im Hause   Bonn, den 4.7.80

Betreff: Gefährliche Druckerzeugnisse aus Bayern.
          Akt.Z. FJS I und FJS II (Ihre Anfrage)

Sehr geehrter Herr Bundeskanzler,

gerne teilen wir Ihnen mit, daß wir nach eingehender
Prüfung die beiden im "Süddeutschen Verlag", München,
erschienenen Druckerzeugnisse

        "ICH, FRANZ JOSEF" und
        "ICH UND DIE ANDERN"

ebenso wie Sie als "in höchstem Maße gefährdend" ein-
stufen und deshalb empfehlen, Sie aus dem Verkehr zu
ziehen.
In der Hoffnung, Ihnen hiermit gedient zu haben,
bleiben wir
mit vorzüglicher Hochachtung!

Index
(Index, Oberregierungsrat)

Spitze, der Schmidt! Das wollt' ich auch immer machen…
ICH, Franz Josef
dargebracht von Dieter Hanitzsch beim Süddeutschen Verlag
ICH und die andern
aufgezeichnet von Dieter Hanitzsch wiederum beim Süddeutschen Verlag

Und die Moral von der Geschicht...

Matth. 28, 17

»Und da sie ihn sahen, fielen sie vor ihm nieder; etliche aber zweifelten ...«